고독이 힘이 될 때

고독이 힘이 될 때

깊고 단단한 나를 위한 인생 강의

천궈 지음
고상희 옮김

김영사

고독이 힘이 될 때

1판 1쇄 인쇄 2019. 6. 11.
1판 1쇄 발행 2019. 6. 18.

지은이 천궈
옮긴이 고상희

발행인 고세규
편집 박보람 | 디자인 조명이
일러스트 변영근
발행처 김영사
등록 1979년 5월 17일(제406-2003-036호)
주소 경기도 파주시 문발로 197(문발동) 우편번호 10881
전화 마케팅부 031)955-3100, 편집부 031)955-3200 | 팩스 031)955-3111

값은 뒤표지에 있습니다.   ISBN 978-89-349-9575-3 03100

홈페이지 www.gimmyoung.com   블로그 blog.naver.com/gybook
페이스북 facebook.com/gybooks 이메일 bestbook@gimmyoung.com

좋은 독자가 좋은 책을 만듭니다.
김영사는 독자 여러분의 의견에 항상 귀 기울이고 있습니다.

이 도서의 국립중앙도서관 출판시도서목록(CIP)은 서지정보유통지원시스템 홈페이지
(http://seoji.nl.go.kr)와 국가자료공동목록시스템(http://www.nl.go.kr/kolisnet)에서
이용하실 수 있습니다.(CIP제어번호 : CIP2019017446)

내가 책을 쓴 이유

몇 년 전, 우연찮게도 '고독과 외로움'에 대해 강의한 내 동영상이 인터넷에 올라갔다. 예상외로 조회수가 높았고 반응도 좋았다. 그 후 나는 얼굴도 모르는 세계 각지 사람들에게 이메일과 편지를 받았고, 발신인 미상의 작고 귀여운 선물을 받기도 했다. 그리고 수요일에 수업을 하러 강의실에 들어갈 때마다 청강하러 온 낯선 얼굴들이 자주 보였다. 가끔 내 수업을 듣기 위해 일부러 먼 곳에서 찾아오는 이들도 있었다.

대개 빈자리가 없는 상황에서도 학생들은 조용히 서서 두 시간 수업을 끝까지 들었다. 강의실 뒤쪽 통로나 강의실 창밖에서 수업을 듣는 학생도 있었다. 그들의 눈빛은 때로는 기대로, 때로는 신뢰로 빛났고, 또 때로는 이해와 공감으로 반짝거렸다. 그럴 때마다 나는 행복하기도 하고 영광스럽기도 하다.

나 역시 학창 시절에, 그리고 선생이 된 후에도 그들처럼 대학교의 어느 강의실 구석에서 몇 시간씩 수업을 들었다. 나에게 그 시간들은 더할 나위 없이 즐거운 기억이다. 특히 다른 사람의 말이 한 줄기 빛처럼 내 안에 파고들 때면 오랫동안 거기에 숨어 있던 열정과 나 자신조차 인지하지 못했던 생각의 씨앗이 그 빛 덕분에 깨어나 처음으로 싹을 틔우고 꽃을 피웠다. 영혼이 깨어나고 정신이 점화되는 것 같은 이런 희열은 정말 멋진 경험이다.

내 수업을 듣는 학생들이 나와 비슷한 희열을 느낀 적이 있는지 혹은 느끼고 있는지는 잘 모르겠다. 하지만 수업 후 몇몇 학생과 이메일을 주고받거나 얼굴을 맞대고 토론할 때, 또는 함께 산책하면서 이야기를 나눌 때 종종 나는 이런 느낌을 받았다. 강의실에서의 대화나 우연한 만남을 제외하면 나와 학생 사이에 현실 생활의 교집합이 거의 없는데도 인식의 측면이나 정신적 차원에서 공감대를 형성하는 데 전혀 걸림돌이 되지 않는다는 것이다.

물론 나이나 성별, 직업, 생활환경의 차이가 서로를 이해하는 데 필연적으로 영향을 미치고 완전히 다른 것을 추구하도록 이끌겠지만 사람이라는 공통점이 차이점보다 더욱 많은 것 같다. 사람은 해마다 봄, 여름, 가을, 겨울을 반복하고, 생명이 탄생하는 그 순간부터 자연이라는 비탈길을 따라 유년, 소년, 장년, 노년의 '인생의 사계'를 천천히 미끄러져 내려간다. 우리 모두는 생명의 문에 들어선다는 기적을 체험하고 죽음을 향해 걷는다는 일종의 필연성을 가지고 살아간다. 이렇게 출발점과 종점은 같지만 우리는 각자 전혀 다른 인생길을 걷는다.

그 길이 휘황찬란한 사람도 있고 어두컴컴한 사람도 있으며, 성공한 사람도 있고 평범한 사람도 있다. 그러나 진정으로 인생의 번뇌에서 벗어난 사람은 아무도 없다.

　사람은 누구나 인생의 이런저런 순간에 이런저런 번뇌와 고민에 빠진다. 다만 그 번뇌의 원인과 내용이 서로 다를 뿐이다. 누군가는 막막한 생계와 물질적 궁핍으로 힘들어 하고, 또 누군가는 지친 영혼과 황폐해진 정신 때문에 괴로워한다. 배가 너무 고픈데도 먹을 것이 없어서 고통받는 사람이 있는 반면, 맛있는 음식을 앞에 두고도 전혀 식욕이 없어 괴로워하는 사람도 있다. 각기 다른 괴로움처럼 보이지만 무력감을 느끼기는 마찬가지다.

　무력한 사람은 종종 심한 고독감에 빠진다. 자신은 슬픔으로 인해 마음이 아픈데 주위 사람들은 아주 즐거워 보이기 때문이다. "친척들에겐 간혹 슬픔이 남았겠지만 다른 이들은 벌써 노래를 부르네"*라는 구절이 떠오른다. 태양은 그가 슬퍼한다고 해서 밝은 빛을 잃지 않고, 봄은 그가 슬퍼한다고 해서 더디 오지 않는다. 세상은 그의 미소가 사

---

* 중국 동진의 시인 도연명, 〈만가(挽歌)〉 중에서.

라졌어도 여전히 같은 속도로 돈다. 슬픔에 빠진 사람은 쉽게 고독해지고, 고독은 슬픈 사람을 더욱 슬프게 만든다.

고독하고 슬픈 사람들에게 이 책을 바친다. 나는 이 책 속에 고독한 사람들이 삶에 대해, 생명에 대해, 자아에 대해, 세상에 대해 느끼는 많은 곤혹감과 질문을 모아 놓았다. 그 안에서 자신의 모습을 발견했다면 이런 곤혹들과 싸우고 있는 사람이 적어도 당신 혼자만은 아니라는 사실을, 또 많은 사람이 당신의 슬픔을 슬퍼하고 당신의 고독을 고독해 한다는 사실을 알게 될 것이다. '고통을 함께한다'는 이런 공감이 어느 정도 당신의 고독을 해소해 주고, 아울러 이로 인해 당신의 슬픔이 옅어질 수도 있다.

이 책에는 일상에서 흔히 접하는 몇몇 구절과 함께 그리 흔히 접하지 못했던 여러 관점이 등장한다. 예를 들면, '고독이 그렇게 견디기 힘든 것만은 아니다. 어쩌면 고독만이 우리에게 자기 자신과 잘 지내는 법을 가르쳐 줄지도 모른다', '죽음은 우리가 상상하는 것만큼 끔찍하거나 무섭지만은 않다. 어쩌면 죽음은 인간이 평생의 수고를 마치고 들어가 쉬는 따뜻하고 꿈 없는 잠일지 모른다', '삶의 고난이 꼭 끔찍한 것만은 아니다. 고난에는 색다른 영양소가 풍부해서 그것을 겪은 후 우리는 더 강하게 살아갈 수 있다' 등이다.

이런 생각들은 모두 내가 삶의 우여곡절을 겪으면서 조금씩 얻은 깨달음으로, 정확하지는 않다 해도 하나같이 진심에서 우러나온 것이다. 내가 특별하다는 것을 자랑하려고 별난 관점들을 제시하는 것이 아니라 그저 이 기회를 빌려 내가 가진 생각을 나와 비슷한 영혼들과 공유하고 싶었다.

마지막으로 이 책에 담긴 내용들이 지금 우리가 겪는 인생의 괴로움이나 혼란에 구체적인 해결책을 제시하지 못할 수도 있다. 그러나 당신이 아무리 애써도 방법을 찾지 못할 때 당신에게 작은 창을 하나 열어 줄 수는 있을 것이다. 당신은 그 창으로 새로운 풍경을 엿보고, 그 풍경 속에서 당신과 비슷한 처지에 놓여 있으면서도 당신처럼 불안해하거나 고민하지 않는 사람들을 만날 수 있다.

그들은 일이 잘 풀릴 때 크게 웃고 노래 부르고 춤을 추며, 역경에 처했을 때에도 마음의 평온을 유지한다. 태양을 향해 서 있지만 어둠 속에서도 불안해하지 않는다. 그들은 두터운 정을 가득 품고 살아가며, 진실하게 죽음을 맞이한다. 삶의 모든 아름다움을 누리고, 저항할 수 없는 고난도 회피하지 않는다.

독자 여러분이 이 안에서 아주 작은 깨달음이라도 얻는다면 내게는 더할 나위 없는 영광일 것이다.

참을 수 있는 삶의 무게

1 강

진실한 자아를 받아
들이지 못하는 사람
은 늘 꾸며 낸 아름다
움으로 스스로를 속
인다. 진실을 직면하
기 버거워서 눈가림
을 하는 것이다. 약점
없는 사람이 어디에
있는가. 그런데 그 약
점을 받아들이지 못
한다면 그것이야말로
그 사람의 최대 약점
이 된다.

자기 자신으로 살아도 괜찮다.
좀 더 나답게,
좀 더 진실하게 살아도 된다.
이것이야말로
자신을 진심으로 아끼고
사랑하는 길이다.

진실함이야말로
진정한 사랑이다

인간관계의 출발점은 이해관계일 수도 있고 진실함일 수도 있다. 그러나 지속적인 인간관계를 가능케 하는 것은 결국 진실함이다. 이해관계로 얽히면 서로 의심하는 불신의 덫에 빠지지만 진실한 교제는 신뢰하고 신뢰받는 것이 무엇인지 알게 해 준다. 이해관계가 치열한 머리싸움에서 이기는 데 도움이 된다면, 진실함은 우리에게 마음의 평화와 영원한 행복을 가져다준다.

'선의의 거짓말'이 과연 존재할까?

진실함은 나뭇잎 사이를 뚫고 내려와 풀밭에 쏟아지는 싱싱한 아침 햇살과 같아서 눈부신 빛으로 그늘지고 서늘한 곳까지 따스하게 비춘다. 많은 사람들이 좋은 일만 알리고 나쁜 일은 감추는 데 익숙하다. 대학생은 부모와 통화할 때 크게 망친 시험 결과나 실패에 대해

얼버무리거나 아예 언급을 피한다. 또 실연으로 인한 슬픔과 우울함을 감추고, 지금 자신을 무겁게 짓누르는 고통이나 고민, 진실한 감정, 꿈에 대한 뜨거운 열정을 마음 가장 깊숙한 곳에 단단히 묻어 둔다. 그런 문제로 심리적 압박을 받으면서도 속사정을 모르는 부모에게 괜한 걱정을 끼칠까 봐 솔직하게 털어놓지 않는다.

한 치의 거짓도 없는 솔직함과 선택적인 거짓, 둘 중 어느 쪽이 더 나을까? '진실함'이 '참됨'과 '진정성', '거짓말하지 않음'을 의미한다면 '선의의 거짓말'은 어떻게 설명해야 할까?

직접 겪어 본 적이 없더라도 한 번 상상해 보자. 자신이 어떤 병에 걸렸는지 모르는 천진난만한 아이 앞에서 우리는 어떤 태도를 보일까? 아마 자기도 모르게 사실을 회피하고 거짓을 선택할 것이다. 물론 그 순간에도 우리는 스스로 거짓말을 하고 있다는 사실을 똑똑히 안다. 평소에 아무리 거짓말을 싫어하고 심지어 증오하는 사람이라 해도 그 순간에는 이런 거짓말 덕분에 마음이 편할 것이다. 우리는 이것을 '선의의 거짓말'이라고 부른다. 내가 하고 싶어서가 아니라 어쩔 수 없이 하는 거짓말이기 때문이다.

우리는 선의를 위해 진실을 포기하지만 결과적으로는 그로 인해 진정성이 완성된다고 생각한다. 그러나 실제로는 진실함을 지켜야만 진정성이 확보되며, 진실함과 진정성이 결합될 때 비로소 선의가 완성된다.

부모 입장에서는 어떻게 생각할지 모르지만 적어도 나는 부모님이 나로 인해 실망하거나 염려하는 것이 세상에서 가장 싫었다. 그래서 나 역시 좋은 일만 알리고 나쁜 일은 감추는 착한 딸로 살아왔다. 그러던 어느 날 어머니가 이런 말씀을 하셨다.

"너와 제일 가까운 내가 가장 궁금한 건 너의 실제 생활이란다. 네 괴로움이나 고민 같은 것 말이야. 물론 그걸 알게 되면 나도 괴롭고 고통스럽겠지만 그래도 숨기거나 속이지 말고 다 이야기해 줬으면 좋겠어. 네 사정을 전혀 모르거나 남의 입을 통해 듣고 싶지 않단다. 별 도움이 되지 못하더라도 최소한 네 짐을 나눠 지고 싶어."

우리는 선의의 거짓말을 통해 상대가 상처받지 않도록 지켜 주었다고 생각하지만 정작 상대는 선의라는 명분으로 저지른 거짓과 불신 때문에 더 큰 상처를 받는다. 때로 우리를 믿는 사람을 속이지만 상대가 가장 용납할 수 없는 것은 바로 우리가 자신을 속였다는 사실이다.

우리는 진심으로 사랑하는 사람을 보호하고 위로하기 위해 잘 만들어진 미소의 가면을 쓴다. 그러나 우리를 진심으로 사랑하는 사람은 우리가 가면을 벗고 진짜 얼굴을 보여 주길 원한다. 설령 가면 뒤에 감춰진 것이 걱정으로 찌푸려진 얼굴일지라도 말이다.

'자기기만'은 인격의 결함에서 비롯된다

인간은 자기기만에 빠지기 쉽다. 늘 자기 자신이 만족스럽지 않고 아쉬운 부분이 많은데도 그것을 내려놓지 못하고 또 그렇다고 뾰족한 해결책이 없을 때, 자신을 속이는 것 외에는 이를 극복할 방법을 모르기 때문이다.

진실한 자아를 받아들이지 못하는 사람은 늘 꾸며 낸 아름다움으로 스스로를 속인다. 진실을 직면하기 버거워서 눈가림을 하는 것이다. 약점 없는 사람이 어디에 있는가. 그런데 그 약점을 받아들이지 못한다면 그것이야말로 그 사람의 최대 약점이 된다.

비겁함, 이기심, 탐욕, 허세, 무지와 같은 인격의 결함은 다 다르게 보여도 결국 '약함'에서 비롯된다. 강자에 맞설 용기가 약할 때 비겁함이 생겨나고, 명예와 이익의 유혹 앞에서 인간에 대한 도의가 약해질 때 이기심이 자라며, 욕망 앞에서 이성이 약해질 때 탐욕이 커지고, 겉으로는 강해 보이나 속은 텅 비어 있을 때 허세가 자란다. 무지는 두말할 것도 없이 지식의 결핍, 다시 말해 지성이 약해서 생기는 결함이다.

깊이 파고들다 보면 이런 의문이 든다. 여러 가지 인성의 결함이 생겨나게 된 공통적인 원인이 있지 않을까?

인격의 결함은 마음에서 비롯되는 것으로 허약한 신체와 필연적인 관계가 없다. 실제로 몸이 약하거나 신체적 결함이 있는 사람 중에 자신감 넘치면서도 순수한 미소나 삶에 대한 무한한 열정을 통해 자신의 영혼이 얼마나 강한지 증명하려는 이가 많다. 신체적 건강 여부가 사람에게 큰 영향을 미치는 것은 사실이지만 인격의 결함 유무를 가르는 기준은 아니다.

인격은 결국 마음의 문제이며, 인격의 결함은 나약한 마음에서 비롯된다. 의지나 용기, 겸손, 관용과 같이 인류가 가치 있게 여기는 품성은 모두 강한 마음을 바탕으로 형성된다. 흔들림 없는 굳은 심지에서 의지가 생겨나고, 두려움 없는 마음에서 용기가 자라며, 경외하는 마음에서 겸손이, 넓은 마음에서 관용이 자란다. 인격의 결함에서 벗어나고 싶다면 마음을 강하게 키우는 것만이 유일한 길이다. 그 길은 곧 우리가 더 나은 자아로 거듭나는 수행의 과정이다.

내 안의 악마와 싸우다

갓 대학에 입학해 처음으로 철학이라는 학문에 발을 들였을 때 선배가 이런 이야기를 들려주었다.

황제의 총애를 받는 철학자가 있었다. 질투가 난 화가는 불공평하다고 화를 내면서 줄곧 복수할 기회만 엿봤다. 마침 철학자의 생일을 맞아 황제가 성대한 생일잔치를 열어 주었다. 잔치에 간 화가는 자진해서 철학자의 초상화를 그려 주겠다고 나섰다. 철학자도 흔쾌히 응했다. 하지만 증오심에 불탄 화가는 분풀이라도 하듯 철학자를 눈뜨고 보기 힘들 만큼 추하게 그려 사람들에게 보였다. 많은 사람 앞에서 철학자를 모욕하고 싶었던 것이다. 이에 진노한 황제가 화가에게 엄벌을 내리라고 명령했다. 그런데 뜻밖에도 철학자가 나서서 화가 대신 황제에게 용서를 청했다. "화가가 그린 저 추악한 사람은 제가 맞습니다. 저는 평생 추악한 제 자아와 싸워 왔습니다." 자신의 본모습을 외면하지 않고 스스로에게 진실했던 철학자의 이야기는 내게 어떤 울림을 주었다.

  자아의 완성을 위해 필요한 전제조건이 있다. 바로 자신의 진실한 모습을 직시하는 것이다. 아름답고 선한 나뿐만 아니라 시시때때로 나쁜 생각을 하고 추악한 마음을 가지는 나까지 포함하는 온전한 자신을 볼 줄 알아야 한다.
  꽃은 활짝 피었을 때의 찬란함과 더불어 시들 때의 쇠잔함까지 가져야 진실하고 온전한 꽃이며, 달도 밝은 면과 어두운 면을 함께 가지고 있어야 진실하고 온전한 달이 된다. 사람도 마찬가지다. 자아에 어두운 면이 없다면 자아의 완성을 위해 애쓸 필요가 있을까? 인격적인 결함이 없다면 더 나은 인격을 갖추기 위해 군이 노력할 이유가 있을까?

　오스트리아의 작가 슈테판 츠바이크는 횔덜린, 클라이스트, 니체 이 세 명의 뛰어난 시인과 작가, 철학자의 삶을 조명한 전기에서 이렇게 말했다. "그들의 천재성과 비범함은 그들이 평생 끊임없이 '자기 안의 악마와 투쟁'한 결과다."

　많은 사람들이 자신에게 선의의 거짓말을 한다. 자존심을 지키기 위해 자기 인격의 약점을 일부러 회피하거나 보고도 못 본 척하고, 자신의 추한 모습을 최대한 감추어 눈 가리고 아웅하려 한다. 눈에 안 보이는 것은 실제로 존재하지 않는다고 믿기라도 하듯이 말이다. 우리는 너무나 당연하게도 이렇게 하는 것이 자신을 진심으로 아끼고 사랑하는 방법이라고 생각한다. 하지만 이는 절대 자신을 진심으로 아끼고 사랑하는 것이 아니다. 마음이 나약한 사람이 스스로 도취되어 자신에게 마약을 놓는 격이다.

진실함은 일종의 자기애

　그렇다면 어떻게 해야 자신을 진심으로 아끼고 사랑할 수 있을까? 내가 바꿀 수 있는 것은 바꾸고, 바꿀 수 없는 것은 받아들이자. 자신이 가지고 있는 것들 중에서 고칠 수 있는 것은 최선을 다해 고치고, 고칠 수 없는 것은 존중하고 받아들이며 그것과 함께 사는 법을 배워야 한다.

먼저 자기 자신을 있는 그대로 바라보고, 보다 건강하고 나은 사람이 되도록 스스로 마음을 굳세게 먹고 끊임없이 노력하는 자세를 갖춰야 한다. 그리고 자신이 어쩔 수 없는 부분, 가령 타고난 결함이나 성격, 천성 같은 것들은 있는 그대로 존중하고 삶의 일부분으로 받아들여야 한다.

프랑스의 사상가 몽테뉴가 시장으로 추천받았을 때 이렇게 말했다고 한다. "저는 기억력이 좋지 않고 경각심도 부족하며 경험도 없고 추진력도 떨어집니다. 저는 남을 원망할 줄 모르고 야망과 탐욕도 없으며 폭력을 쓸 줄도 모릅니다."* 몽테뉴처럼 자신을 있는 그대로 바라보고 받아들이는 것보다 더 자신을 아끼고 사랑하는 방법이 있을까?

우리는 늘 남의 눈에 좀 더 멋지고 완벽하게 보이기를 바란다. 그래서 이 사회가 '멋짐'과 '완벽함'에 대해 내린 정의에 맞춰 자신을 단련하고 다듬고 포장함으로써 사회가 인정하는 기준에 맞추려고 노력한

---

* 몽테뉴, 《수상록》

다. 그러면 사람들은 나를 높이 평가하고, 나도 그런 결과를 즐긴다.

하지만 혼자 조용히 마음을 가라앉히고 자신을 바라보면 자신이 아주 낯설게 느껴질 때가 있다. 원래 성격과 크게 동떨어진 채 신경이 곤두서 있고 마음은 늘 초조하다. 주류 사회 안에서 살아가기 위해 스스로 자아의 변두리에서 사는 삶을 선택한 결과다. 이런 생활이 지속될수록 자기 억압과 정신적 마비가 심해지고, 냉소와 허영심이 공존하는 사람으로 변해 간다.

남 보기에 더 빛나는 사람이 되는 것, 주변 사람은 물론 얼굴도 모르는 사람들에게 부러움과 찬탄의 대상이 되는 것, 많은 사람들은 이것이 자신을 아끼고 사랑하는 방법이라고 생각한다. 그러나 내가 볼 때 이것은 진정한 자기애가 아니다. 오히려 일종의 '자기혐오'다.

있는 그대로의 자신에 대한 관조와 존중 그리고 수용은 전혀 찾아볼 수 없고, 자신의 본성에 대한 무시와 혐오, 억압만 가득하기 때문이다. 사실은 그럴 필요가 전혀 없다. 아무리 완벽해 보이는 사람도 좋아하는 이가 있는 반면 싫어하는 이도 있기 때문이다. 예수 같은 성인도 그를 좋아하는 사람뿐 아니라 그를 싫어하는 사람, 증오하는 사람, 심지어 십자가에 매달리게 한 사람까지 있었다.

그러니 자기 자신으로 살아도 괜찮다. 좀 더 나답게, 좀 더 진실하게 살아라. 어차피 당신을 좋아할 사람은 좋아하고 싫어할 사람은 싫어한다. 적어도 당신은 자신을 더 좋아하게 될 것이다. 이것이야말로 진정한 '자기애'가 아닐까?

자신을 아끼는 것이 자기를 속이지 않는다는 의미라면, 남을 아끼는 것 역시 상대에게 진실만을 말하고 숨기지 않는 것 아닐까? 우리는 솔직한 말이 상처를 준다고 늘 걱정하지만 똑같이 솔직한 말이라도 여러 가지 표현법이 있다는 것은 생각하지 못한다. 같은 말이라도 어떻게 표현하느냐에 따라 전혀 다른 결과를 낳을 수 있다.

이런 글을 읽은 적이 있다. 한 남자아이가 입양된 여자아이에게 물었다. "친자식과 입양한 아이는 뭐가 달라?" 여자아이가 대답했다. "우리 엄마가 그랬어. '친자식은 엄마가 배로 낳은 아이지만 입양한 아이는 엄마가 가슴으로 낳은 아이'라고."

같은 이치다. 우리가 상대를 아끼는 마음에서 사실을 있는 그대로 전하기로 결심했다면 그다음은 좀 더 진실하고 빈틈없어야 한다. 선의라는 미명하에 머리를 쥐어짜 거짓말을 지어냄으로써 상대를 속이기보다는 차라리 상대에게 가장 적절한 표현 방식으로 진실을 전하는 편이 훨씬 낫다.

설령 그 진실이 죽음에 관한 것이라도 솔직해야 한다. 다만 어른에게는 어른에 맞는 언어를, 아이에게는 아이에 맞는 언어를 사용하면 된다. 어떤 방식으로 표현하든 목적은 하나다. 상대가 현재 상황이나 나의 솔직한 생각을 정확히 알도록 돕고, 진실을 접함으로써 받게 될 상처를 최소화하는 것이다. 물론 그가 난관을 극복하고 옳은 선택을 하도록 이끌 수 있다면 더할 나위 없이 좋을 것이다. 이때 언어는 단순히 정보를 전달하는 도구가 아니라 사람의 마음에 위안을 주는 기술이다.

선의란 기본적으로 인간에 대한 애정이다. 선의는 진실함에서 싹을 틔우고 마지막에는 삶의 지혜라는 꽃으로 피어난다.

모든 삶의 무게 뒤에는
은총이 숨겨져 있다

시시포스의 바위

그리스신화에 시시포스라는 인물이 나온다. 그는 생명의 유한함이라는 자연법칙을 거스르고 죽음을 피하기 위해 지옥을 다스리는 죽음의 신 하데스를 속이는 무모한 짓을 저질렀다. 잠깐은 속여 넘겼지만 결국 발각되어 가장 가혹한 형벌을 받았다.

　지옥은 세 개의 차원으로 나뉘는데 그중에서도 가장 무서운 곳은 영원히 환생할 수 없는 지옥이다. 시시포스는 그곳에서 온 힘을 다해야 겨우 움직이는 둥근 바위를 산 밑에서 산꼭대기까지 밀어 올리는 벌을 받았다. 무시무시한 화염이 활활 타오르는 지옥 한가운데에서 잠시라도 방심했다가는 바위가 굴러떨어져 모든 과정을 처음부터 다시 되풀이해야 한다. 낑낑대며 어렵사리 산꼭대기까지 밀어 올린 후 잠깐 숨을 돌릴라 치면 무심한 바위는 손쓸 새도 없이 제자리로 돌아온다. 이 과정이 끊임없이 반복된다. 그에게 휴식이란 없다.

나는 이 이야기를 여러 번 읽었다. 어렸을 때는 현실과 동떨어진 먼 나라의 전설이라고 여겼기에 특별한 감흥이 없었다. 하지만 시간이 흐른 뒤 이 이야기를 읽을 때마다 그 속에서 '나'의 모습을 발견한다. 시시포스가 어제도 오늘도 그리고 내일도 죽을힘을 다해 바위를 밀어 올리는 장면은 기억 속에 깊이 새겨져 오래도록 떨쳐지지 않는다. 때로는 탄식이 나올 만큼 슬프기까지 하다.

우리는 모두 시시포스가 아닐까? 우리도 각자 시시포스처럼 숙명적으로 주어진 거대한 바위를 짊어지고 있는 것 아닐까?

요즘에는 어린 시절부터 명문 초등학교에 들어가기 위해 치열한 경쟁을 거치기도 한다. 이제 다 끝났다고 생각하고 기뻐했을 거다. 하지만 기쁨도 잠시, 쉴 틈이 없다. 이번에는 전보다 더 많은 노력을 쏟아부어야 한다. 더 높은 '산꼭대기', 명문 중학교가 눈앞에 펼쳐지기 때문이다. 그다음은 명문고, 그다음은 일류 대학……, 우리가 맞닥뜨리는 산꼭대기의 해발 고도는 급격하게 높아져만 간다.

대학생들 대부분은 그토록 바라던 합격 소식을 듣고 감격에 겨웠을 것이다. 흥분한 나머지 잠을 이루지 못한 경우도 많다. 나 역시 그

랬으니까. 꿈에서까지 바랐던 인생의 최고봉인 대학에 합격하기 위해 지난 십여 년 동안 전쟁 같은 경쟁을 치르고 마침내 원하던 바를 이뤘으니 당연한 일이다. 이제는 어깨에 매달린 그 '바위'를 내려놓고, 지난 몇 년간 한시도 늦출 수 없었던 긴장을 풀고 홀가분하게 즐길 일만 남았다고 생각했을 것이다. 하지만 세상은 결코 내 생각대로 돌아가지 않는다.

흥분이 가라앉은 후 정신을 차려 보면 우리 앞에는 늘 그렇듯 산들이 첩첩이 가로놓여 있고, 내려놓은 줄 알았던 바위는 여전히 머리 위에 걸린 채 마음을 짓누르고 있다. 일류 대학 뒤에는 번듯한 직장에 들어가는 일이 기다리고 있고, 그다음은 연봉 상승과 승진 차례다. 그리고 나면 좋은 배우자를 만나 결혼하고 아이를 낳아야 할 때가 찾아온다.

이 모든 일들을 해내고 나면 이번에야말로 느긋하게 인생을 즐길 수 있으리라 생각한다. 그런데 이때 새로운 높은 산 하나가 지평선으로부터 서서히 솟아나 점점 가까이 다가오는 장면을 목격하게 된다. 다름 아닌 자녀 양육의 산이다. 우리 아이는 반드시 똑똑해야만 한다. 출발선에서부터 다른 아이에게 질 수 없으니까. 우리 아이는 무슨 일이 있어도 좋은 유치원, 명문 초등학교, 중학교, 고등학교를 거쳐 명문대에 들어가야 하고, 번듯한 직장에 들어간 후 좋은 짝을 만나 결혼해서 다시 똑똑한 아이를 낳아야 한다.

우리는 시종일관 삶이라는 바위를 아등바등 밀어 올리고, 무거운 짐을 진 채 낑낑대고 비틀거리며 걷는다. 신화에 나오는 시시포스와 마찬가지로 우리도 이 과정을 끊임없이 반복한다. 휴식도 안식도 없다.

'불안'이라는 이름의 채찍

지금 이 순간, 서양의 장례식에서 자주 나오는 '고이 잠들다rest in peace'라는 표현이 특별하게 느껴진다. 생명이 있는 것은 모두 죽는다. 시시포스가 죽음의 신을 피하기 위해 온갖 지혜를 짜냈던 것은 우리와 마찬가지로 죽음에 대한 두려움과 삶에 대한 갈망이 컸기 때문이다. 하지만 저승의 왕 하데스가 그에게 내린 형벌은 죽음보다도 가혹했다. 하데스는 그를 지옥에 던져 버렸다. 지옥이 어떤 곳이냐고? 시시포스 신화에 묘사된 표현을 빌리자면, '살 수도 없고 죽을 수도 없는 곳'이다. 저승의 왕은 시시포스를 지옥에 보내면서 그는 물론 그와 비슷한 뭇 중생에게 이 말을 하고 싶었던 것은 아닐까?

"어쩌면 죽음에는 자연이 준, 그러나 쉽게 알아챌 수 없는 따뜻한 선의가 내포되어 있는지도 모른다. 평생 벗어닐 수 없는 이 '바위'에서 당신을 완전히 해방시켜 줄 수 있는 것은 죽음뿐이다. 걱정과 불안으로 가득한 인생의 길을 끝까지 가야만 비로소 아무 근심 걱정 없이 편안하게 꿈도 꾸지 않는 영원한 잠에 들고 완전한 고요를 누릴 기회가 찾아온다."

헤밍웨이의 묘비명은 아주 짧다. '일어나지 않는 나를 용서하라 Pardon me for not getting up.' 대문호는 가장 간결한 방식으로 삶에 대한 억압과 죽음이 줄 안식에 대해 표현했다.

일전에 시시포스와 같은 삶에 대해 친구와 이야기를 나눈 적이 있다.

나 : 단언컨대 어쩔 수 없이 목숨을 걸고 전진해야 하는 삶을 살길 바라는 사람은 아무도 없어. 시시포스가 바위를 민 건 하데스가 내린 명령에 저항할 수 없었기 때문이잖아. 그럼 우리는 어쩌다 바위를 밀게 된 걸까?

친구 : 대부분 생활의 압박 때문인 것 같아.

나 : 생활의 압박이라는 것도 사람마다 다르겠지. 그 압박이 생계 문제라면 확실히 더 무겁긴 하겠지만 모든 사람이 생계형 바위를 미는 건 아니잖아. 그런데도 많은 사람이 시시포스의 운명에서 벗어나지 못하는 이유는 뭘까?

친구 : 그건 생계 말고도 우리가 추구하는 게 너무 많기 때문이 아닐까? 부나 명예 같은 것들 말이야. 저마다 좇는 건 다르겠지만 어쨌든 이런 것들이 각자 짊어진 바위가 되는 거지. 그리고 그것들을 추구하는 기저에는 안전감의 결핍이 있을 거야. 대부분의 사람은 부나 명예가 클수록 상대적으로 더 안전하다고 생각하지. 눈코 뜰 새 없이 바쁘게 살고 부와 명예를 추구하는

건 우리의 본성이 탐욕스럽거나 만족을 모르기 때문이 아니라 안전감의 결핍으로 인해 마음이 불안하기 때문일지도 몰라.

그래, 안전감! 어쩌면 안전감이야말로 우리가 무거운 짐을 지고 허덕이면서도 진정으로 갈망하고 궁극적으로 도달하려는 가장 높은 봉우리일지도 모른다.

우리가 온갖 고생을 참고 견디는 이유, 거대한 바위를 쉼 없이 밀면서 눈앞에 나타나는 봉우리를 하나씩 정복하는 이유는 마음속 가장 높은 산인 '안전감'에 한걸음 더 가까워지리라는 기대 때문일지도 모른다. 많은 사람들이 서로 속고 속이는 아귀다툼을 진심으로 원하지 않으면서도 안전감을 위해 어쩔 수 없이 치러야 하는 대가라고 생각한다. 또한 이 사회가 약육강식과 적자생존의 법칙이 지배하는 격투장이 되기를 바라지는 않지만 우리는 그 속에서 살아가는 격투사로서 조금이라도 더 이익을 얻기 위해 서로 물고 뜯고 싸운다.

토머스 홉스가 말한 대로 '인간은 인간에게 늑대'다. 고기 한 조각을 얻기 위해 흉악한 눈빛으로 서로를 노려보고 으르렁거린다. 그러나 이토록 무기력과 권태에 시달리면서도 여전히 격투장에서 죽기 살기로 싸우는 것은 '이기거나 죽거나to win or to die' 두 갈래 길 외에 다른 선택지가 없으며, 이기는 것만이 안전감으로 통하는 유일한 길이기 때문이다.

　우리가 살면서 느끼는 모든 삶의 무게는 '불안'에서 그 근본 원인을
찾을 수 있다. 불안만큼 인간에게 공포와 스트레스를 주는 것이 또 있
을까? 불안은 틈만 있으면 우리 안으로 파고들어 '꽃들이 만발한 아
름다운 경치 뒤의 황량함과 빛나는 순간의 이면에 자리한 영원한 암
흑'*을 보게 한다. 불안은 이토록 독재적이어서 우리의 다른 모든 감
각을 앗아가 버릴 수 있다. 우리의 이성을 마비시키고 우리의 꿈을 침
몰시켜 노예를 자처하게 만든다.

　'불안'이라는 폭군은 우리 내면에서 무형의 가죽 채찍을 휘둘러, 어
쩔 수 없이 눈물을 뿌리며 경쟁에 뛰어들고 비틀거리면서도 앞으로
나아가게 만든다.

　불안의 그물을 빠져나간 물고기

　모든 사람이 불안에 굴복하는 것은 아니다. 반항하고 저항하며 어
깨 위에 놓인 바위를 던져 버리고 시시포스의 운명에서 벗어나려는

* 　철학자 저우궈핑,《니체 – 세기의 전환점에 서서》

이들도 많다. 이를 위해 그들은 남들이 목숨처럼 여기는 '안전감'을 과감히 던져 버렸다. 그렇게 해서 수많은 유랑 가수와 거리의 예술가, 현대의 음유시인, 청빈을 자처한 사상가, 백년의 고독을 즐기는 철학자, 속세를 등진 수도승이 탄생했다. 우리는 그들을 이상주의자 또는 낭만주의자라 부른다.

그중 대다수는 결국 다시 '불안'의 포로가 되어 평범한 시시포스의 대열로 돌아온다. 소수의 '그물을 빠져나간 물고기'만이 주류의 바깥에서 유영할 수 있다. 그들은 남들이 말하는 불안한 삶에 안주한다. 사람들이 앞 다퉈 얻으려 하는 안전하고 평범한 행복이 그들에게는 독이다. 반대로 남들이 모두 꺼리는 삶, 곳곳에 위기와 위험이 도사리고 모든 것이 불확실하며 안전감이라고는 없는 상태야말로 그들의 삶을 영위하게 하는 숨결이다. 이런 부류는 모든 사람 중에서도 극소수에 불과하다.

가장 먼저 떠오르는 사람은 작가 싼마오三毛*와 철학자 니체다. 싼마오는 일생의 반을 떠돌이로 살았고, 니체는 절대적인 고독의 대명

* 스물네 살부터 세계 각지를 돌아다니다 사하라에 정착해 《사하라 이야기》를 썼다. ─옮긴이

사다. 쌘마오는 시와 그림처럼 아름다운 풍경 속을 떠돌다 마침내 신비로운 그 속에서 유랑을 마쳤다. '미칠 듯 고독했던 니체는 결국 미침으로써 고독에서 벗어났다.'*

우리 대다수는 주류의 범주 안에 살고 있기에 진정한 비주류, 소수이기를 자처한 그들이 더욱 수수께끼 같다. 우리로서는 그들의 감성에 공감하기 어렵고, 그들의 선택을 이해할 수도 없다.

일부 사람들은 몰이해나 부러움 또는 질투심에 그들을 '구애받지 않는 사람', '세상에 얽매이지 않는 사람'으로 칭하기도 하는데, 이런 수식어는 우리 스스로 굴레에 묶여 있다는 사실을 인정하는 것인지도 모르겠다. 사실 실제로도 그렇다. 생존과 안전감을 지킨다는 명목으로 수많은 무거운 짐이 바위처럼 우리를 짓눌러 심신이 고달프고 숨 쉬기조차 버겁다. 그럴 때마다 세상과의 고리를 끊고 나를 옴짝달싹 못하게 옭아매는 굴레에서 벗어나기를, 부와 명예에 대한 욕심을 내려놓고 내면의 깨끗하고 안락한 터전으로 돌아갈 수 있기를 꿈꾼다. 마치 쌘마오처럼 말이다. '큰 바람이 일어나 구름이 높이 날리고', '나

* 철학자 저우궈핑, 《니체 – 세기의 전환점에 서서》

는 바람을 타고 돌아가고 싶다!' 그럴 수 있다면 얼마나 자유로울까!

　그들은 확실히 우리가 선망하는 구속되지 않은 자유를 가졌다. 하지만 우리에게는 그들이 가질 수 없는 가족애가 있다. 그들이 달빛처럼 맑고 투명하며 아이처럼 순수한 것은 사실이지만 우리는 잡초처럼 강인하고 개미처럼 끈질기다. 주류 안에 속한 우리가 이리저리 뒤엉켜 잘라낼 수 없는 온갖 삶의 문제를 참고 견딜 때, 비주류인 그들은 주위의 의심이나 이 세상과 맞지 않는다는 절망을 견뎌야 한다.
　그들이 이상주의자라면 우리는 현실주의자다. 우리는 현실의 삶에서 '안전감'을 얻기 위해 뒤죽박죽 복잡한 세상에 뛰어들었고, 그들은 온전한 정신세계를 지키기 위해 가혹한 운명을 순순히 따랐다. 우리는 자기 안의 꿈을 희생하는 대가로 평탄한 삶을 선택했다. 반면 그들은 인류 정신세계의 가장 높은 곳을 향해 날아갔다. 설사 추락하는 한이 있어도 마지막 순간의 찬란함을 추구한 것이다.

그것이 인생이다
　하지만 그들이나 우리나 인간이기는 마찬가지여서 늘 불안을 품고 있다. 불안에서 고민이 자라고, 고민은 시간이 지나면서 삶의 무게가 된다.

나는 프랑스인들이 입버릇처럼 말하는 'C'est la vie(그것이 인생이다)'를 좋아한다. 프랑스인은 기쁘고 즐거울 때 이 말로 인생을 찬미하고, 슬플 때 이 말로 상처를 보듬는다. 이 말의 묘미는 바로 예측 불가능하고 변화무쌍한 삶의 희로애락을 드러내고, 매일의 기승전결을 미묘하게 하나로 연결해 준다는 데에 있다.

삶의 즐거움은 우리에게 기쁨을 주고, 삶의 괴로움은 우리를 반성하게 한다. 삶은 모든 이에게 괴로움과 즐거움을 공평하게 나눠준다. 누구에게나 어쩌지 못하는 아픔이 있고, 또 꽃 피는 봄을 맞은 듯한 기쁨도 있다. 백설공주와 난쟁이가 다를 바 없고, 사탕을 손에 넣지 못한 아이와 사랑을 차지하지 못한 청춘이 다를 바 없다.

삶의 무게는 생활에서 오는 괴로움을 말한다. 괴로움이 없는 사람은 없다. 단지 형태가 조금씩 다를 뿐이다. 사람으로 태어난 이상 아픔은 누구에게나 존재한다. 다만 몸이 아픈 사람과 마음이 아픈 사람, 짧고 극심한 아픔과 미약하게 오래가는 아픔의 차이가 있을 뿐이다. 사람들 대부분은 삶에 즐거움만 가득하기를 바라고, 괴로움이 끝이 없다고 불평한다. 그러나 괴로움과 즐거움 모두 삶의 참모습이다. 삶의 괴로움을 거부하는 사람은 삶의 즐거움까지 빼앗기고 만다. 둘 중 하나만 가질 수는 없으며, 둘 다 갖거나 둘 다 갖지 못한다.

고통은 소중히 여길 가치가 있지만 그렇다고 꼭 찬양해야 할 이유는 없다. 고통에 풍부하게 함유된 영양소의 존재 목적은 단지 자유롭고 즐거운 삶을 보조하기 위함이다. 자유롭고 즐거운 삶은 교만과 사치, 방종과 방탕에 비해 훨씬 순수하고 단순한 기쁨이자 물질에 탐닉하지 않고, 또 욕망이 충족될 때의 쾌감보다 훨씬 더 맑고 지속적인 희열이다. 또한 외부의 어떤 자극도 어지럽힐 수 없는 자기만의 평온한 세계이자 고요하면서도 낙천적이고 포용적인 자신감이다.

어느 선현은 "자연계에서 성질이 상반된 물질끼리는 서로를 자극한다"라고 했다. 물리학의 작용과 반작용이 그 대표적인 사례다. 시인 타고르는 사람이 "암흑을 겪지 않으면 빛에 이를 수 없다"라고 말했다. 자유롭고 즐거운 삶도 삶의 무게를 받아들이고 뛰어넘는 데서 비롯된다.

우리는 신화 속 시시포스처럼 각자의 '삶의 바위'를 견뎌야만 한다. 그러나 그 바위는 운명이 우리에게 주는 벌이 아니라 시험일지도 모른다. 그 정도의 묵직함이 있어야 경박함과 허풍을 상쇄시키고 끝없는 욕망의 골짜기를 메울 수 있으며, 평범한 삶의 소중함을 깨달을 수 있다.

우리는 시시포스의 운명에서 벗어나지 못했다. 아니, 아무리 기를 써도 결코 벗어날 수 없다. 어차피 벗어날 수 없다면 굳이 벗어나려 발버둥 칠 필요가 있을까?

　내가 가장 좋아하는 프랑스의 여성 사상가 시몬 베유가 쓴《중력과 은총》이라는 책이 있다. 그 책은 오랫동안 내 내면세계에 한 줄기 빛이 되어 주었다. 삶이 시시포스의 바위처럼 무겁고 벗어날 수 없으며, 흔히 한탄하듯 '인생이 내 뜻대로 안 되는 일투성이'인 것은 사실이다. 하지만 그 무게(중력)의 뒤에는 분명 은총이 숨겨져 있다.

　흔히들 말한다. 사랑에는 책임이 따르고, 자유는 운명과 공존하며, 인간의 도리와 본성은 한 몸이라고. 책임이 무겁지 않다면 어떻게 그 사랑이 깊다고 할 수 있을까? 운명에 경계가 정해져 있지 않고 삶의 끝에 죽음이 존재하지 않는다면 그 누가 삶을 헛되이 살지 않으려 노력할 것이며, 그 누가 유한한 인생에서 영혼의 무한한 자유로움을 얻기 위해 노력하겠는가? 삶에 무게가 없다면 무엇으로 인간 본성의 뾰족한 완고함을 둥글게 연마하고 온화한 덕을 키워 인간애의 빛을 발산하겠는가?

　실제로 많은 이들이 좌절을 통해 강인함을 키웠고 고난을 겪으면서 세상의 이치를 깨닫고 성숙해졌으며, 진창 속에 두 발이 빠졌을 때에도 고개 들어 별이 가득한 하늘을 바라보는 것을 잊지 않음으로써 내면의 순수함을 지켜 냈다. 어깨에 짊어진 고난의 무게가 클수록 가슴에 품은 뜻은 더욱 위대해진다.

삶의 무게를 자세히 들여다보면 그 속에는 분명 은총이 깃들어 있다. 니체도 틀림없이 이 주장에 동의할 것이다. 그가 '나를 죽이지 못하는 고통이 나를 강하게 만든다'라고 말한 걸 보면.

삶의 무게도
곱씹어 보면
은총이 깃들어 있다.

고독, 우리가 자신과
대화하는 유일한 시간

고독과 외로움은 다르다

'고독'은 홀로 있는 즐거움을 누리는 것이며, 그 자체로 온전하다. 시끄러운 방 한구석에서 조용히 종이를 접고 그림을 그리고 어항 속 물고기를 바라보면서 마치 주위에 아무도 없는 듯 잡념 없이 집중하는 아이처럼, 고독은 외부 사물에 흩어져 있는 시선을 내면세계로 돌려 몰두하는 것이자 외부가 아닌 내면에서 평화를 찾고 만족하는 정신적 여유다.

반면 '외로움'은 어떤 것도 위로가 되지 못하는 공허이자 금방이라도 부서질 것 같은 새장이다. 외로움에 빠진 사람은 무엇을 해야 좋을지 모르고 어떤 것에도 집중하지 못하며 활력이 없고 기쁘지 않다. 그 어떤 것이나 그 누구로부터도 삶을 껴안고 즐거워할 만한 열정을 불러일으키지 못한다. 연락처 수백 개가 저장된 전화 목록을 봐도 진정으로 이야기를 나누고 싶은 사람을 찾을 수 없고, 텔레비전 채널을 아무리 돌려 봐도 하나같이 지루하기만 하다. 엉엉 울고 목이 쉬어라 소리를 지르고 퍼붓는 빗속을 미친 듯이 달려서라도 나를 짓누르는 슬럼프에서 벗어나고 싶은 심정이다. 외로움은 헤어 나올 길 없는 일종의 자기혐오이자, 영혼의 불이 꺼져 버린 후 찾아오는 절망 속 어둠이다.

자기만의 독창적인 사고가 활발히 이루어질 때, 우리는 탐욕스러우리만치 '홀로 있기'를 원하고 또 누린다. 이런 상태를 '고독'이라 한다. 고독은 충실하고 왕성한 정신적 활동을 느긋하게 소화하고 유유자적하게 곱씹으며 고요하고 여유롭게 즐기는 태도이다.

반면 외로움은 '홀로 있음'에 대한 공포에 가까운 불안으로, 내면이 황량하고 자기 주관이 약할 때 주로 나타난다. 공허한 정신으로 인해 삶이 허무해지고, 감정적 진공 상태는 자기 존재마저 의심하게 만든다. 외로움은 영혼이 텅 비어 메마른 상태다. 그것은 하늘 높은 곳에서 찬란하게 타오르던 불꽃이 순식간에 낮게 깔린 아득한 어둠 속으로 사라진 후에 찾아오는 절망과 초조함, 피로감과 같다.

'고독'은 정신적 자유로움에서 비롯된다. 번화한 도심에서 사람들에 둘러싸여 있어도 급류 속에 유유히 떠 있는 뗏목이나 사막을 홀로 걷는 탁발승처럼 세상을 관통하면서 때 묻지 않은 마음을 유지하는 것이다. 자아에 몰두하여 고독을 즐길 때 군중은 시야에서 점점 사라진다. 왁자지껄한 소란이 이미 나의 마음에서 멀어졌거나 내가 소란에서 멀어졌기 때문이다.

반면 '외로움'은 일종의 병이다. 영혼이 허기지고 정신이 영양실조에 걸려 사람들과의 왁자지껄함이 있어야 낫는다. 이 병에 걸리면 실제 환자처럼 누군가 늘 곁에 있어야 하고, 쉼 없이 이 사람 저 사람을 만남으로써 내면의 초조함과 불안을 잊으려 한다.

고독, 자연계에서 가장 오래된 본능

고독은 겉으로 보이는 모습이 아니라 마음의 상태다. '무리에게서 떨어져 홀로 지내는 것이 아니라 독립적인 사고가 핵심이다.'* 일부러 외진 구석을 찾아 적막 속에 홀로 있을 필요는 없다.

고독이란 본래 자기 영혼을 시적인 정취 속에 머물게 하는 것이다. 고독한 감정을 불러일으키는 데 환경이 어느 정도 영향을 미치는 것은 사실이지만 결정적인 역할을 하는 것은 아니다. '마음이 세속에서

* 랄프 왈도 에머슨, 《사회와 고독*Society and Solitude*》

멀어지면 그곳이 외딴 곳이라'는 옛 시구처럼, 번화하고 복잡한 도심 한가운데서도 마음만은 홀로 있는 것이 고독이다.

고독이 주로 침묵의 형태로 드러난다고 해서 침묵이 곧 고독은 아니다. 고독은 눈에 보이거나 귀에 들리는 어떤 양태와도 무관하다. 젊은이들은 종종 뿌연 담배 연기를 내뿜으며 그 속에서 적막을 즐기거나 몽롱한 술기운을 빌려 외로움에 빠져들거나 퇴폐적인 방법으로 자신이 남들과 다르다는 점을 드러내기도 한다. 이런 삶은 일종의 겉멋이자 가식이다. 고독이라 했을 때 떠오르는 모습을 흉내 내고 겉모습만 그럴싸하게 꾸민 것뿐이다. 쿨해 보이는 가면 아래에는 주목받고 싶다는 허영심이 도사리고 있다. 이는 진정으로 고독한 자의 풍모가 아니다. 고독은 왕성한 사고활동과 정신적 충만함에서 비롯되는 영혼의 자발적인 유랑이다.

고독은 자아 배양, 자기 훈련, 자기계발 같은 인류 문명의 산물이 아니라 자연계에서 가장 오래된 본능이자 만물이 가진 가장 원시적인 본모습이다. 사람은 어머니의 몸에서 분리되어 세상에 나면서부터 고독이 시작된다. 우리의 피부가 우리와 외부를 갈라놓고, 우리는 각자의 몸뚱이 속에서 홀로 움츠리고 있다.

신은 고독한 존재이기 때문에 자신의 짝이 될 인간을 창조했다는

홀로 있는 시간을
되도록 많이 가져야 한다.
'가면'을 벗고 자신의 본모습 그대로
자유롭게 살 수 있도록.

말이 있다. 진리에 도달할 수 있는 사람이 극소수에 불과한 것은 진리가 고독한 것이기 때문이다. 우리가 사는 이 시끌벅적한 지구도 사실은 고독하다. 광활한 우주에서 지구는 고독한 푸른 점에 불과하고, 끝도 없는 고요 속에 잠겨 있다.

고독은 부끄러운 것이 아니다

사회적 교류는 주로 두 가지 유형으로 나뉜다. 하나는 이익을 위해 인맥을 쌓는 것이고, 다른 하나는 외로운 이들끼리 만나 온기를 나누는 것이다.

계산이나 이익을 앞세운 만남에는 가식적인 웃음이 난무하고, 겉으로 드러내는 모든 감정은 가면을 쓴 채 펼치는 쇼에 지나지 않는다. 이 모든 행동의 목적은 서로를 도구로 이용하려는 데에 있다. 이런 만남에는 자연히 순수함이 아니라 저열하고 부패한 냄새만 진동한다. 반면 외로움에서 비롯된 만남은 종종 얕은 관계에 치우쳐 서로의 마음 깊숙이 다가가지 못한다. 외로운 사람끼리 모인 집단은 여전히 외로움에서 벗어나지 못한 채 외로움만 더 쌓이기 때문이다. 무료함을 만 번 반복해도 결국에는 무료함일 뿐인 것처럼.

물론 사회 안에서 살아가는 한 사회적 관계는 피할 수도, 부정할 수도 없다. 사회적 관계는 나름대로 의미가 있으며, 이를 적절히 활용한다면 인맥, 인기, 기회 등 원하는 것을 얻을 수 있다. 쓸모가 있기에 가치가 있는 것들 말이다.

그러나 사회적 관계가 제아무리 존재의 이유를 가지고 있다 해도 서로 마음이 통하는 두터운 우정이나 깊은 사랑과 비교해 보면 값싼 교류일 뿐이다. 혹은 내 친구의 말처럼 "값이 매겨지는 관계라면 그 값의 소수점 앞에 '0'이 아무리 많아도 귀한 관계가 아니다."

진정으로 아름다운 관계란 진심에서 우러나오는 것이어서 절대 돈으로 살 수 없다. 어느 날 우리의 마음에 값이 매겨진다면 그 값이 아무리 비싸다 해도 우리의 마음이 그만큼 값지다는 뜻이 아니라 우리 스스로 마음을 망가뜨렸다는 의미일 것이다.

고독은 외로움보다 고귀하고 우아하다. 인간은 고독을 필요로 한다. 홀로 있을 때 만나는 진실한 자아는 우리에게 정신적 자유를 돌려준다. 옛사람들이 '신독愼獨', 즉 군중의 소란함에서 벗어나 진실한 자아를 홀로 대면할 수 있는 존재로 돌아가는 것을 중시한 이유가 여기에 있다.

우리가 오롯이 홀로 있는 시간은 결코 많지 않다. 먹고 자는 본능에 충실하느라, 또 온갖 잡다한 일에 매달리고 각양각색의 사람을 만나느라 눈코 뜰 새 없다. 우리는 스스로에게 홀로 있을 시간을 더 많이 줘야 한다. 가면을 벗고 자신의 본모습 그대로 자유롭게 살 수 있도록.

적당한 거리의 미학

사람과 사람은 각기 다른 두 개의 왕국과 같아서 저마다 자기에게 맞는 영토를 가지고 있다. 심지어 국경 사이에는 중립지대까지 존재한다. 인간관계도 마찬가지다. 사람과 사람 사이에 적절한 거리를 유지하는 것은 남들과 데면데면하게 지내려는 의도가 아니며, 자기를 보호하기 위해 경계한다거나 책임을 피하려고 선을 긋는 등의 자기중심적인 행동도 아니다. 이는 상대방의 좋은 점을 보다 선명하고 총체적으로 이해하기 위함이며, 상대방과 친밀한 관계를 맺는 과정에서 기존에 그에 대해 가지고 있던 존경심을 잃지 않으려는 태도이다.

'거리가 아름다움을 만든다'라는 말이 있듯, 사람과 사람이 지나치게 가까워지면 상대방의 전체적인 모습을 볼 수 없다. 이는 마치 거울을 볼 때 거울과의 거리가 너무 가까우면 어느 한 부분밖에 볼 수 없고, 잔잔한 호수에 돌을 던질 때 두 돌 사이가 너무 가까우면 서로 각각의 온전한 파문을 깨뜨리는 것과 같다.

적당한 거리에 있을 때 각자의 온전함을 되찾고 스스로 특별한 풍경이 되며, 각자가 가진 그 특별함 덕분에 서로를 높이 평가하고 존중할 수 있다. 더욱이 이 거리는 때로 육안으로 볼 수 있는 범위를 넘어서기 때문에 내면으로 응시하는 그리움을 낳는다.

캐나다 유학 시절, 나는 내 인생을 통틀어 국가와 가족에게서 가장 멀리 떨어져 지냈다. 신기한 것은 그 시절 국가나 가족에 대한 나의 심리적 거리가 그 어느 때보다도 가까웠다는 점이다. 어쩌다 텔레비전 프로그램에서 들리는 모국어가 내 귀를 잡아 끌고, 고국에 대한 뉴스나 이야기가 내 흥미를 돋웠다. 학교 강당에 걸린 백여 개 국기 중에서 익숙한 국기를 발견했을 때 나도 모르게 손 하나가 내 마음을 어루만지는 느낌이 들어 한참 동안 국기에서 눈을 떼지 못했다. 그 순간 나는 이것이 바로 '그리움'이라는 사실을 깨달았다.

언젠가 어머니는 "사람은 늘 가장 가까운 사람에게 가장 잔인하다"라고 말씀하셨다. 그 말은 아마도 사람 사이의 거리가 너무 가까우면 상대방의 결점이 확대돼 보이고, 멀리 있을 때 감탄을 금치 못했던 장점은 가까워진 사물에 초점을 맞추지 못한 카메라처럼 흐리게 보이기 때문 아닐까. 이로 인해 존중과 사랑을 잊어버려 더 이상 포용하거나 감사할 줄 모르게 되는 것이다.

밀려난 존경심

사람 사이에 적당한 거리가 유지되지 않으면 서로에 대한 인내심과 존경심이 사라진다. 특히 인파로 들끓는 대도시에서는 타인에 대해 너무나 냉담하고 무관심하다.

학교만 해도 그렇다. 학생들은 매일 수많은 사람으로 붐비는 교정을 가로지르고 사람으로 빼곡히 들어찬 강의실에서 수업을 듣고 북적대는 식당에서 밥을 먹는다. 만원 지하철이나 버스에서 간신히 설 자리를 찾고 북적대는 도서관에서 돌아와 여럿이 한 방을 쓰는 좁은 기숙사에 몸을 누인다. 이런 교정을 나선 뒤에는 더욱 빽빽한 전쟁터에 투입돼 고군분투해야만 한다. 이 모든 것은 이 빽빽한 사회에서 자신이 살아갈 한 뼘의 생존 공간을 확보하기 위함이다.

적절한 거리를 유지하지 못하는 세상에서 우리는 원하든 원치 않든, 의식하든 의식하지 못하든 서로 밀고 밀치며 어지럽게 살아간다. 사람이 너무 많고 북적이기 때문에 사람의 소중함을 깨닫지 못하고 사람에 대한 존경심도 잃은 채 사는 것이다.

우리는 알게 모르게 끊임없이 다른 사람과 대화를 하고 있다. 구체적인 대화 상대 없이 혼자 있는 순간에도 각종 메신저를 통해 가상세계의 상대와 대화한다. 이로 인해 자기 자신과 대화할 시간이 없어졌다. 자신과 대화할 때는 소리 낼 필요가 없고, 키보드 위에서 바삐 손가락을 놀릴 필요도 없는데 말이다. 자신과 마주하는 그 고요한 세계에서는 음악과 달빛, 감정이 혼연일체가 된다.

우리는 항상 이런저런 무리에 끼어서 살기 때문에 인간이라는 존재에 대해 점점 심미적인 피로를 느끼고, 인간, 인간성, 인간의 정신에 대해 어린 시절 품었던 넘치는 호기심을 잃어 갔다. 그래서 휴일만 되면 '휴양'—구체적으로 이야기하면 사람과 시끌벅적함을 피해 자연으로 가서 고독을 즐기는 것-을 하려는 것이다.

어느새 우리에게 사람이란 우주에서 가장 신비로운 아름다움이 아니라 아름다움을 파괴하는 존재가 되었다. 사람은 더 이상 만물의 영장이 아니라 가장 벗어나고 싶은 정신적 속박이 되고 말았다. 우리는 도시로 몰려들면서도 사람에 대해서는 아무 관심이 없다. 날마다 사람들을 만나면서도 사람에 대한 권태에 찌들어 있다. 이것이 우리 삶의 슬픈 현실이다.

자기만의 세계를 가져라

복잡함이 초래한 소란스러움은 고독뿐 아니라 우리가 갈망하는 내면의 고요와 여유까지 앗아가 우리를 심란하고 조급하게 만든다. 내면이 고요하고 여유로워야만 타인의 아름다움을 발견하고 자신의 아름다움을 찾아내며 삶의 아름다움을 즐길 수 있다.

내면이 고요하고 여유로운 사람은 여행을 특별히 좋아하지 않는다. 굳이 인생의 새로운 경험을 찾아 여기저기 다닐 필요 없이, 아주 평범하고 익숙한 일상 속에서도 아름다움을 느끼고 즐거움을 만끽할 수 있기 때문이다. 마치 청각이 예민한 사람이 왁자지껄한 소음 속에서도 바늘 하나가 땅에 떨어지면서 내는 맑은 소리를 들을 수 있는 것과 같다. 그런 사람에게는 삶이 늘 새롭게 느껴진다. 단조롭고 천편일률적인 하루하루도 전혀 지루하지 않다. 익숙한 환경에서도 삶의 의미와 재미를 충만하게 느끼고, 삶에 대한 열정을 느끼는 데에 외부 환경의 변화를 통한 자극이 별로 필요하지 않다. 그것은 그가 늘 새로운 시선과 맑은 정신으로 삶을 대하기 때문이다.

다음은 내가 아는 한 어르신의 이야기이다. 그분은 아침 일찍 일어나 새장을 들고 공원으로 간다. 그분이 태극권을 수련하는 동안 새는 옆에 있는 나무에 앉아 재잘재잘 지저귄다. 오전에는 친구들과 만나 흥에 취해 노래를 목청껏 부르고, 점심 식사를 마친 후에는 신문을 읽은 뒤 수면 모자를 쓰고 오수를 즐긴다. 낮잠에서 깨면 파나마 모자를 쓰고 장갑을 끼고 화초를 돌본다. 그가 가꾼 화초들은 유달리 아름답다. 오후에는 아내와 함께 다과를 즐기며 두런두런 이야기를 나눈다. 가끔 문방사우를 펼쳐 놓고 서화를 즐기기도 한다. 저녁 식사를 마치면 산책을 한 후 간단히 쇼핑을 하고 돌아와 아내와 텔레비전을 보고 대화를 나누고 야식을 먹은 후 잠자리에 든다. 이 노신사는 오랫동안 태극권을 수련해서인지 몸이 날래고 건강하다. 불의를 보면 참지 못하는 성격이어서 한 번은 소매치기를 잡는 정의감을 발휘한 적도 있다. 그의 의협심과 다정함, 가진 것에 만족하는 속이 꽉 찬 삶을 언어로는 다 표현할 수 없어 안타까울 뿐이다.

나는 또 책에서 어느 92세 노인의 이야기를 읽은 적이 있다. 이미 수십 년 동안 달을 보았으면서도 그 노인은 광활한 대자연 속에서 하늘을 바라볼 때마다 여전히 "오늘 밤은 어떤 밤인가? 달빛이 참으로 밝구나!"라고 감탄했다고 한다.

　대도시의 인파 속에 묻혀 사는 우리는 인간에 대한 존중과 경의를 잃지 않고, 삶에 대한 열정의 불씨를 되살리기 위해 다른 어떤 곳에 사는 이들보다도 고독이 필요하다. 강박적으로 타인과 대화할 필요가 없을 때 비로소 자아와의 대화를 시작할 수 있다. 인간의 진정한 용기는 남을 비판할 때가 아니라 자신을 비판하는 과정에서 드러난다. 이와 마찬가지로 이 세계가 아니라 나 자신에 대해 사고할 때 비로소 지혜에 다가갈 수 있다.

　진정으로 고독의 아름다움을 체험할 때 비로소 자아를 돌보고 사랑하는 법을 배우게 된다. 그리고 자아를 사랑할 줄 아는 사람만이 삶과 삶에서 만나는 타인을 사랑할 수 있다. 우리는 고독을 통해 삶을 좀 더 이해하고 사람을 더 소중히 여기게 된다.

'사유'는 홀로 있음의 즐거움을 증폭시킨다

　많은 사람이 고독에 대해 이런저런 오해를 품는다. 그중 하나가 '고독한 사람'은 재미없고 따분할 것이라는 오해다. 실제로는 정반대다. 진정으로 고독한 사람이야말로 아주 매력적이다. 고독한 사람은 할 일이 너무 없거나 혹은 어쩔 수 없어서 혼자 있는 것이 아니다. 그의 고독은 스스로 선택한 삶의 방식이다.

홀로 있을 때 유유자적하게 시간을 보내는 사람은 자기만의 세계를 이룬다. 그의 내면은 파고 또 파도 끝이 없는 보물창고와 같아서 정신적 자원과 삶의 영양분을 끊임없이 공급한다. 내 동갑내기 지인은 할 일이 없을 때 아무 버스나 타고 종점까지 갔다가 다시 다른 버스로 갈아타고 또 다른 종점까지 간다고 한다. 그는 정해진 목적지 없이 돌아다니면서 조용히 거리와 사람들을 구경하는 것이 재미있다고 말했다. 그의 이야기를 들을 때 나는 직접 경험한 적이 없는데도 그 낭만에 공감이 되어 절로 미소가 지어졌다.

내가 아는 한 꼬마는 나팔꽃 관찰 일지를 적으려고 앉은뱅이 의자에 앉아 한참 동안 꽃이 피기를 기다렸다고 한다. 이 꼬마 숙녀가 쓴 일지에는 이렇게 쓰여 있었다. "나는 나팔꽃이 자라는 것을 지켜보고 있다. 엄마 아빠도 내가 자라는 것을 온 마음으로 지켜보고 계시겠지." 그때 나는 파릇파릇한 영혼 한 송이가 활짝 피어나는 것을 보았다.

고독을 즐기는 사람은 생각하기를 좋아하기 마련이다. 홀로 있는 시간을 즐거움과 창의성, 감수성으로 가득 채우는 유일한 원천이 바로 생각이기 때문이다. 고독한 사람의 정취는 사유하는 사람의 그것처럼 까마득히 넓고 풍성하여 영원과 맞닿는다.

사유는 홀로 있음의 즐거움을 무궁무진하게 해 준다. 철학자 파스

칼은 "인간은 우주에 떠 있는 한낱 티끌에 불과하지만 우주 전체를 사고할 수 있다"라고 말했다. 혼자 있는 시간은 독서하기에 가장 좋은 시간이기도 하다. 지혜로운 이들이 일생에 걸쳐 빚어낸 지혜의 결정結晶을 양껏 먹고, 시공을 초월해 그들과 정신적으로 공명할 수 있다. 때로는 우리 내면의 어두운 부분이 그들의 말 한마디 덕분에 환하게 밝아지기도 하고, 때로는 그들이 나보다 더 나를 꿰뚫어 보기라도 하듯 소리 없이 우리의 생각을 말하기도 한다. 그 순간 우리는 '이해받았다'는 기분과 눈앞이 환하게 밝아지는 편안함을 느낀다.

혼자 있을 때 생각의 흐름은 더 자유로워진다. 일상에서 만나는 사람들은 잠시 잊고 영혼의 지기知己와 친구가 되어 영원히 함께할 수 있다. 혼자 있다 보면 자기도 모르게 시간이 멈춘 듯 멍해질 때가 있다. 나무에 기대 멀리 하늘에 떠 있는 구름을 바라보면서 한참을 넋 놓고 있다 보면 어느새 내가 구름이 되고 구름이 내가 되어 구름이 내 마음을 일깨우는 순간이 찾아온다. 바로 그 순간 나도 세상도 사라지고, 나는 마치 바람에 흩날리는 눈송이나 공기 중에 떠도는 영혼처럼 자연과 하나가 되었다가 흩어지고 생명의 호흡을 따라 떠돈다. 도교의 표현을 빌리자면, 하늘과 땅 사이에서 '우화(羽化, 번데기 성충이 되다)'하여 도道와 생명, 자유와 한 몸이 된다.

그럴 때면 바람을 따라 이리저리 떠다니는 비닐봉지 하나도 시적인 정취가 넘치고 인간 세상의 이치를 담고 있는 것처럼 보이고, 나뭇

가지 끝에서 흔들리는 단풍잎 한 장도 마음 깊은 곳을 꿰뚫고 생명으로 변화할 수 있는 은유가 되어 무한한 감동을 선사한다. 홀로 있을 때의 이러한 정신적 교감으로 인해 자아와 외부를 가르는 경계는 형체도 없이 사라지고, 점차 물아일체의 경지로 들어서게 된다.

고독을 즐기는 여유

고독한 척 가장하지 말자. 멋진 척하는 것은 결국 아무 쓸모없다. 거짓은 참이 될 수 없고, 형식은 정신을 대신하지 못한다. 고독을 두려워하지 말자. 어차피 고독이 운명이라면 그냥 소중히 여기자. 자신에게 속한 모든 것, 고통과 번뇌와 고독까지도 소중히 여기자. 그러다 보면 행운이 찾아오기도 한다. 고독은 늘 생각을 낳고, 영감은 늘 고독한 자의 편이니까.

사유하는 사람은 저마다 다르지만 한 가지 공통점이 있다. 그들의 사고는 고독 속에서 태동하고 고독 속에서 싹을 틔우며, 고독 속에서 탄생하고 고독 속에서 오래도록 그 향기를 내뿜는다. 《월든》을 쓴 헨리 데이비드 소로가 그랬고, 《고독한 산책자의 몽상》을 쓴 장 자크 루소가 그러했으며, 칸트도 니체도 그러했다.

우리는 종종 고독과 외로움을 혼용해서 이야기한다. 인간의 눈에 그 둘은 '외톨이'라는 아버지를 둔 형제와 같기 때문이다. 고독 또는 외로움으로 인해 겪는 인간의 슬픔은 본질적으로 외톨이, 즉 혼자라는 것에 대한 두려움에서 비롯되며, 이 두려움의 크기는 심지어 혼자라는 것 자체의 광활함조차 뛰어넘는다.

인간은 자신에게 속한 모든 것을 받아들여야 한다. 어느 누구도, 설사 당신을 끔찍하게 사랑하는 사람이라도 그것을 분담하거나 대신 짊어질 수 없다. 운명은 각자 짊어질 수밖에 없고, 쓸쓸함도 각자 직면해야 한다. 혼자라는 사실에 대한 두려움은 죽음에 대한 공포와 맞먹을 때가 많다. 어쩌면 그 둘은 일맥상통할지도 모른다. 인간에게 있어서 죽음이란 영원히 혼자 있는 것이기 때문이다.

우리는 죽음에서 도망치려고 애쓰는 것과 마찬가지로 혼자 있지 않으려 발버둥 친다. 죽음에 대해 '망각'을 택하듯 혼자라는 사실에 대해 '감추기'를 택한다. 어떻게든 사람들과 어울리고, 멋진 척 잘난 척함으로써 나약하고 겁 많은 내면을 감추는 것이다. 하지만 이제 용기를 내 자신에게 물어보자.

혼자 있을 때 스스로 혼자라는 사실을 감추거나 숨기지 않으면 어떨까? 혼자임을 인정하고 직면하고 순종하며 혼자라는 사실에 자신을 내맡긴다면 어떤 결과가 나올까? 나는 혼자라는 사실이 대체 나를 어떻게 바꿀 수 있을지 궁금하다.

혼자라는 사실을 직시하는 걸 더 이상 두려워하지 않고 편안하게 받아들였다면, 그것은 곧 혼자임을 존중할 줄 알고 삶의 동반자로 여길 줄 알게 된 것이다. 그때 우리는 혼자임을 기꺼이 받아들임과 동시에 이미 '고독한 사상가'로 성장해 있을 것이다.

외로움과 고독은 '단 하나'의 직계 자손이자 배다른 형제와 같다. 다만 외로움이 영양실조에 걸린 '단 하나'라면 고독은 건강한 '단 하나'이고, 외로움이 한적하고 쓸쓸한 단 하나라면 고독은 온기가 있는 단 하나이다. 외로움이 경박하고 천한 단 하나라면 고독은 고상하고 우아한 단 하나이며, 외로움이 부서지고 결핍된 단 하나라면 고독은 충만하고 온전한 단 하나이다. 외로움과 고독의 차이는 각자의 모태에서 물려받은 서로 다른 품성에서 기인한다. 외로움은 공허와 '단 하나'의 사이에서 태어났고, 고독은 생각과 '단 하나'의 결합으로 태어났다.

생각의 방향이 삶을 바꾼다

2강

인간의 정신이 오래
도록 정착할 터전을
찾지 못한다면 귀속
감은 영영 느낄 수 없
다. 그런 인생은 그
저 목적지 없는 표류
에 불과하다. 온 세상
을 제집처럼 누비지
만 실은 어디에도 깃
들 곳이 없다.

이제 와서 돌아보면
과거의 나 또한
망망대해에 떠 있는
작은 돛단배처럼
완전히 방향감을 잃은 채
어디에도 머무르지 못하고
떠돌아 다녔다.

성공한 인생이란
과연 무엇일까?

무엇을 위해 사는가

여러 해 전 어느 날 새벽 무렵에 나는 친구의 전화를 받았다. 전화 속 그의 목소리는 전에 없이 우울했다. 잠들지 못하고 내내 뒤척이다가 아예 자리에서 일어나 베란다에 서 있다고 했다. 그때 그의 눈에 들어온 어둠 속의 사물과 풍경 모두 더없이 익숙한 것들이어서 다양한 형태의 지붕 위치를 눈 감고도 한 치의 오차 없이 그려 낼 수 있을 정도였다. 친구는 그때의 깜깜함과 고요가 수면에 도움이 될 거라 생각했지만 전혀 그렇지 않았다. 왠지 모르게 그날따라 모든 것이 아주 멀리 있는 듯 느껴지고 모든 그림자가 텅 비어 보였다. 그는 갑자기 이런 의문이 들었다고 한다. "이 세상이 도대체 나랑 무슨 관계가 있지? 난 대체 무엇을 위해 사는 거야?"

친구는 형언하기 어려운 두려움을 느끼고 도망치듯 방으로 들어갔다. 하지만 그가 베란다에서 느낀 이질감과 거리감이 망령처럼 그를 좇아와 방 안 구석구석에 퍼지고 모든 물건을 뒤덮었다. 그가 내게 물었다. "방 안에는 없는 게 없는데 나는 어째서 아무것도 가진 게 없다는 기분이 들지? 진짜로 내 것인 게 뭘까?" 그의 물음이 내게는 혼잣말처럼 느껴졌다.

보통 사람이 보기에 그는 적당히 성공한 사람이다. 풍채가 당당하고 성격이 활달하며 집도 있고 차도 있다. 직업은 안정적이고 수입도 꽤 많으며 가끔 유럽의 아름다운 바닷가 작은 마을에서 한가로이 며칠씩 휴가를 즐기기도 한다. 그런데 그런 사람이 '아무것도 가진 게 없다'라고 느낀다.

확실히 철학을 깊이 연구할수록 그동안 동경해 왔던 성공-명성, 부, 지위 같은 것들-이 가진 매력은 점점 의미 없게 느껴진다. 그래서 나도 한때 산다는 것의 의미가 무엇인지 골몰한 적이 있다.

내가 고통에 가장 가까운 감정을 느낀 것도 아마 그 무렵일 것이다. 그때 나는 몸과 마음을 의지할 근거를 찾지 못해 한 걸음도 나아가기 어려웠다. 어느 방향으로 가고 싶은지 스스로 정하지 못하면 어떤 길로 가도 갈림길뿐이다. 인생의 목표가 어디에 있는지 모르는데 어떻게 전진과 후퇴를 이야기할 수 있을까?

이제 와서 돌아보면 과거의 나 또한 망망대해에 떠 있는 작은 돛단배처럼 완전히 방향감을 잃은 채 어디에도 머무르지 못하고 떠돌아다녔다. 마찬가지로 인간의 정신이 오래도록 정착할 터전을 찾지 못한다면 귀속감은 영영 느낄 수 없다. 그런 인생은 그저 목적지 없는 표류에 불과하다. 온 세상을 제집처럼 누비지만 실은 어디에도 깃들 곳이 없다.

그날 밤 친구가 극심한 피로 속에 던진 질문은 오래전 내가 맞닥뜨렸던 괴로움과 완전히 똑같았다. 그날 그가 내게 전화를 걸어 줘서 정말 기뻤다. 하지만 내 인생 경험은 보잘것없는 공구함 같아서 그의 마음의 매듭을 풀어 줄 만한 공구를 찾지 못했다. 그저 묵묵히 하소연을 듣다가 한 번씩 내 생각이나 경험을 이야기해 주었던 것이 어렴풋이 기억난다. 그때 그에게 건넸던 말 중에 "세상이 너에게서 멀어진 것이 아니라 네가 너 자신에게서 멀어진 거야"라는 말 한마디는 또렷이 기억한다.

잘못된 자아 위치 설정, 사실 나는 내 마음을 모른다

내 후배 한 명은 실력이 뛰어난 데다 성실함과 부지런함까지 갖춘 덕에 고속 승진을 거듭했고, 2년 동안 두 차례 이직을 하며 수입은 네 배가 되었다. 한 번은 그가 내게 이런 문자 메시지를 보냈다. "A는 지금처럼 산다. B는 한 달 동안 원하는 건 무엇이든 할 수 있는 왕이 되는데, 대신 한 달 후에 반드시 죽는다. 선배라면 어느 쪽을 선택할 거예요?" 나는 심사숙고한 뒤 답장을 보냈다. "나는 A. 넌 B를 골랐지?" 그는 즉답을 피했지만 사실 답장은 필요 없었다. 이런 선택을 두고 고민하는 사람이라면 틀림없이 B를 선택했을 테니까.

며칠 후 그가 다시 문자 메시지를 보냈다. "아무래도 난 내 위치를 찾지 못한 것 같아요." 역시나 자신의 문제를 잘 파악하고 스스로 해결책을 찾는 데 일가견이 있는 그다운 말이었다. 그가 말한 '위치'란 '스스로 정한 위치'를 의미하고, '내 위치를 못 찾았다'라는 말은 '현재의 삶이 불만족스럽다'라는 증상에 대해 그가 스스로 내린 진단 결과다. 자아가 현재의 위치에 만족하지 못하고, 자아의 위치 설정에 문제가 나타났다는 것이다.

어렸을 때 부모님이 우리의 마음을 몰라주고 꿈을 이해하지 못한다고 꽤 원망했던 기억들이 있을 것이다. 그들은 세심하게 선별한 인생의 궤도 위에 우리를 억지로 올려놓았고, 그들이 구상한 아름다운 앞날을 우리에게 강요했으며, 그들이 그려 놓은 청사진에 따라 우리의 위치를 정하도록 요구했다.

내가 알던 어떤 여자아이는 그림 그리고 사진 찍는 것을 좋아했지만 아버지의 강요에 못 이겨 해마다 사법고시를 봐야 했다. 이런 식으로 부모들은 우리의 위치를 잘못 설정한다. 그들이 설정한 위치는 우리가 진정 갈망하는 인생이 아니며, 우리 스스로 설정한 위치와도 부합하지 않는다. 이렇듯 우리의 내면을 이해하지 못하는 타인은 우리에게 잘못된 위치를 정해 줄 가능성이 크다.

이것은 비단 부모에만 국한되지 않는다. 자신의 마음속을 제대로 읽고 해석하지 못하면 우리 또한 스스로에게 잘못된 위치를 설정하게 된다. 이것이 바로 '잘못된 자아 위치 설정'이다.

엄밀히 말해 후배의 고민과 앞서 소개한 친구의 문제는 결국 똑같다. 사람이 자기 마음과 멀어지면 마음도 그를 알아보지 못한다. 우리가 돈이 많고 경제적으로 풍족하면 사람들은 우리를 부러워한다. 우리가 출세하고 지위가 높으면 사람들은 우리를 두려워하거나 우리에게 아첨한다. 우리가 사회가 인정하는 유명인사가 되면 다들 미소를 짓고 우리를 칭송한다. 하지만 온 세상이 나를 세상에서 가장 행복한 사람이라고 말한다고 내가 정말로 행복할까? 내 마음이 나를 알아보지 못하고, 내가 하는 어떤 것도 내 마음 깊은 곳에서 기쁨과 따뜻함을 불러일으키지 못한다면 나의 행복은 어디서 찾아야 할까?

당신이 말하는 '성공'은 '외공'인가, '내공'인가?

선배 하나가 이런 이야기를 들려준 적이 있다. 그는 매일 한 노점에서 아침을 먹는데, 그 집이 유명한 맛집이어서가 아니고 음식을 파는 어린 부부가 너무 마음에 들었기 때문이란다. 부부 중 하나가 음식을 만들면 다른 하나는 음식을 용기에 담고 식탁을 치운다. 오고가면서 부부가 서로 마주보며 웃는데, 아무 말 없이도 마음이 통하는 두 사람의 모습에 감동받은 선배는 이렇게 감탄했다. "두 사람이 어찌나 재미나게 사는지! 나보다 훨씬 성공한 거야."

그가 말한 '성공'은 무슨 의미일까?

우선 '성공'이라는 두 글자의 가장 기본적인 의미부터 살펴보자. '성공成功'은 당연히 진정으로 '공功이 있는 자'에게 돌아가야 하며, 진정으로 '공을 들인 사람'만이 '성공'을 누릴 자격이 있다. 그렇다면 '공'의 정의는 무엇일까?

초등학교 때 나는 무협소설을 머리맡에 두고 날마다 읽었는데, 여기에 '공'이 등장한다. 무협으로 비유하자면, '공'은 결코 단순한 개념이 아니며 '외공'과 '내공'으로 나뉜다. 처음 강호에 들어가서 칼과 창을 쓰는 협객들은 주로 외공 수련에 힘씀으로써 '외공을 성취한'다. 반면 진정한 무림 고수나 은둔의 삶을 사는 무학 태두들은 내공 수련을 특히 중시한다. 그래야만 '내공을 성취할' 수 있기 때문이다. 다시 말해 무협소설에 나오는 강호의 '성공 인사'는 크게 두 가지 유형으로 나뉜다. '외공'을 성취했거나 '내공'을 성취했거나. 그 둘 사이에 어떤 연관성이 있는지는 논외로 하자.

　지금까지 경험을 토대로 이야기하자면 요즘의 '성공'도 '외공의 성취'와 '내공의 성취'로 나뉠 수 있다. 큰 틀에서 보자면 현대적인 의미의 세상이나 과거의 강호가 대동소이하고, 요즘의 '성공'과 과거의 '성공' 역시 비슷한 점이 없지 않다. 우리가 매일 보는 저 태양과 달도 결국 아득한 옛날 우리 선조가 보던 태양이고 달이 아닌가. 오랜 세월이 흐르기는 했어도 변하지 않은 것들이 있다.

　영국의 추리 드라마 〈미스 마플〉 시리즈에서 주인공 미스 마플이 곰곰이 생각에 잠겨 뜨개질을 하다가 "과거든 현재든 인간의 본성은 일맥상통하지"라고 말하는 장면이 나온다. 이것이 어쩌면 중국 철학에서 이야기하는 '인간의 본래 마음', 즉 모든 치장을 걷어 낸 후 남은 가장 순수한 마음일지 모른다.

　'성공'이 '외공의 성취'와 '내공의 성취'로 나뉜다면 '외공'과 '내공'의 정의는 무엇일까? 이 둘을 각각 판단하는 기준은 또 무엇일까?

　'외공의 성취'를 판단하는 기준은 당연히 '외적인 기준', 즉 '나의 외부에 있는 것'이다. '나의 외부에 있는 것'에는 여러 가지가 있겠지만 크게 두 부류로 나눌 수 있다. 하나는 나와 무관한 것, 예를 들면

하늘과 땅, 산과 강, 비와 바람, 눈과 서리 또는 타인의 삶 같은 것들이고, 다른 하나는 나와 관련이 있는 것, 즉 '내가 가진 것'이다. 이 두 가지 중에서 나의 '성공'과 관련이 있는 것은 당연히 후자다. 바꿔 말해, 어떤 사람의 '성공' 여부를 판단하는 외적인 기준은 그가 가진 것이다. 일반적으로 가진 것이 많은 사람일수록 성공한 사람으로 분류된다.

우리가 가진 것들 중에서 외적으로 가장 잘 드러나는 것은 눈에 보이고 손에 잡히는 것, 유형의 것들이다. 주로 집, 차, 돈, 명품 옷, 값비싼 장신구, 고급 요리 같은 물질적인 것이다. 다음으로 눈에 보이지는 않지만 유형의 것으로 교환할 수 있는 것들, 예를 들면 예금, 이자, 주식 등이 있다. 통상적으로 우리는 이런 것들을 '부와 재물'이라고 부른다.

자신의 능력으로 이런 부를 소유했다면 그 사람에게는 분명 특별한 점이 있을 것이다. 특별히 성실하거나 특별히 머리가 좋거나 혹은 특별히 운이 좋거나. 이는 논란의 여지가 없는 확실한 '성공'이다. 보편적으로 우리 사회가 성공을 판단하는 기준은 이런 외적인 것, 즉 '부'에 치우쳐 있다. 물론 이 기준이 합리적이라는 점은 부인할 수 없다.

이처럼 눈에 보이거나 물질적인 것들 외에 소유할 수 있는 또 다른 것이 있다. 그것이 직접적으로 물질적인 혜택을 가져다주지는 않지만 물질적인 혜택보다 더 따뜻하고 깊이 있고 친근하다. 우리는 일반적으로 그것을 '자기계발'이라고 부른다.

자기계발에는 크게 몸을 수련하는 '수신修身'과 좋은 품성을 기르는 '양성養性'이 있다. 수신은 건강한 몸, 균형 잡힌 몸매, 아름다운 얼굴 등으로 드러나며, 양성은 좋은 기질, 시원스러운 풍모, 친절한 태도로 구현된다. 건강한 신체를 가진 사람은 설령 돈이 없어 사치스러운 생활을 누리지 못하더라도 건장한 두 다리로 어디든 자유롭게 다닐 수 있다. 시원시원하고 호탕한 성격을 지녔다면 천하를 호령할 수 있는 권력을 가지지 않았다 해도 어딜 가나 사람들의 사랑을 받는다. 미국의 작가 에머슨의 말처럼 '품격은 일종의 힘'이자 유일하고 개성 넘치는 명함이다.

이런 것들을 가진 사람도 또 다른 의미에서 '외공'을 이뤘다고 할 수 있다. 그러니 그들 역시 성공한 사람이 아니겠는가? 다만 '자기계발'이라는 것이 겉으로는 잘 드러나지 않기 때문에 성공의 기준을 논할 때 홀대받는 것뿐이다. 하지만 현재 대중이 우르르 떼 지어 몰려드는 각종 사회현상을 살펴보자. 사람들은 밥을 굶더라도 값비싼 헬스클럽 회원권을 끊어 건강관리에 열을 올리고, 온갖 댄스 교실과 요가 학원에 다니며 몸매를 가꾼다. 또 기능성 화장품을 바르고 피부관리실을 다니며 얼굴을 관리하고, 각종 인문학 강좌에 등록해 소양을 키우고 품격을 높이려 한다. 사실 우리는 자기도 모르는 사이에 이미 '수신양성'을 추구할 가치가 있는 일종의 성공으로 여기고 있는 것이다.

'물질적인 공'이든 '자기계발의 공'이든, 이런 성공은 모두 '외공'의 범주에 포함된다. 물론 전자보다 후자가 우리의 내면에 가깝기는 하지만 두 가지 다 어느 정도 돈으로 살 수 있다는 공통점이 있다. 그리고 보다 본질적인 공통점이라면 그것들을 가질 수는 있지만 진짜로 우리에게 속한 것은 아니며, 영원히 소유할 수 없어 언젠가는 반드시 잃는다는 점이다.

이 사실을 어떻게 이해해야 할까? 내 생각을 정리하고 여러분의 이해를 돕기 위해 이 문제를 영어 어법을 빌려 설명해 보려 한다. 영어에서 소유하거나 점유할 수 있으며 'what I have'로 표현할 수 있는 것들이 모두 언젠가 잃게 될 것들이다. 'to have(가지다)'와 'to lose(잃다)'는 쌍둥이처럼 늘 붙어 다닌다는 사실을 알아야 한다.

물질적 측면의 권력, 돈, 부 등은 장기적으로 볼 때 사람 사이에서 끊임없이 흘러 다니며 결코 한 곳에 머물지 않는다. 권력은 태초부터 이 사람에게서 저 사람으로, 이 왕조에서 저 왕조로 옮겨 다녔다. 사람은 오늘 권좌에 올랐다가 내일 내려오기도 하지만 권력은 늘 자리를 비워 둔 채 주인을 기다린다. 권력은 결코 어느 한 왕조만을 섬기지 않으며, 어느 한 사람에게만 속하지도 않는다.

돈의 이동 속도는 권력보다 더 빠르다. 돈은 서양에서 동양으로, 이 시장에서 저 시장으로 흐르며, 이 사람의 주머니에서 저 사람의 은행 계좌로 흘러간다. 돈은 비제의 오페라에 나오는 매력적인 여인 카르멘과 같다. 누구나 그녀를 사랑하고 그녀 또한 아무도 거절하지 않지만 그녀는 단 한 순간도 어느 누구에게 속한 적이 없다.

우리가 가질 수 있는 것 중 미모, 건강, 기질과 같이 후자에 속하는 것은 우리와 아주 밀접한 관련이 있고, 진정으로 우리에게 속한 것처럼 보인다. 그래서 남들이 부러워하고 질투하고 시기해도 아무 소용이 없다고 여긴다. 이것들은 물질적 차원의 것들과 달리 훨씬 더 실질적이기 때문이다. 그러나 우리는 자신감에 찬 나머지 잊어버린 사실이 하나 있다. 누구도 앗아 갈 수 없는 것을 시간은 통째로 앗아 간다는 점이다.

의식하든 의식하지 못하든, 원하든 원치 않든 시간은 당신과 나를 포함해 모든 것을 무정하게 앗아갈 수 있다. 지금 당신이 아무리 아름답고, 내가 아무리 건강하다 해도 시간이 흐르면 누구나 늙고 기력이 쇠하기 마련이다. 이것이야말로 세상에서 가장 비통한 일일 것이다.

이것들이 우리에게 속한 것처럼 보이지만 사실은 우리가 시간에게서 빌려 온 것이다. 우리에게는 일정 기간 동안 사용할 권리가 있을 뿐 절대 소유권은 없다.

이제는 내가 앞에서 했던 이야기를 쉽게 이해했으리라 생각한다. 우리가 가질 수 있고 점유할 수 있는 것들은 영원히 우리 곁에 머무르지 않으며, 궁극적으로 우리의 것이 아니고 언젠가는 사라져 버릴 것들이다. 이렇게 보면 그것들은 '우리의 외부에 있는 것들'이다.

그렇다면 '우리 내면에 있는 것들'은 대체 무엇일까? 진짜로 우리에게 속하며, 영원히 우리에게서 사라지지 않고 머무르는 것들이 과연 존재할까? 있다면 어떤 것들일까?

독일의 철학자 쇼펜하우어는 인간의 본질을 논할 때 다음 세 개의 단계로 구분했다. 가장 바깥쪽 단계는 '내가 타인에게 어떻게 평가받는가What do I look like in other people's eyes'이다. 이는 가장 보편적이면서 절대다수의 사람이 가장 관심을 가지는 문제다. 이는 곧 '남들은 나를 어떻게 생각할까?', '그들은 나를 아름답다고 여길까?', '남들에게 내가 행복해 보일까?' 등으로 치환할 수 있으며, 동양에서 중시하는 '체면' 두 글자로 정확하게 요약된다. 이 단계에서는 자신의 감정보다 외부의 평가에 더욱 신경을 쓴다.

가운데 단계는 '나는 무엇을 가졌는가What do I have'이다. 이 주제에 대해서는 앞에서 많은 이야기를 했다. 이 단계에서는 자신이 실제로 소유한 것에 관심을 집중한다.

가장 안쪽 단계는 '나는 누구인가Who am I'이다. 이 단계까지 진입한 사람은 상대적으로 가장 적다. 이 단계는 아주 깊이 묻혀 있기 때문에 이 질문에 답할 수 있는 사람은 인류 역사를 통틀어서도 극소수에 불과했다. 이 질문은 모든 지혜의 근원이라 해도 과언이 아니다. 2000년 전 고대 그리스의 델포이 신전 기둥에는 신탁 같기도 하고 저주 같기도 한 신비로운 잠언이 새겨져 있었다. 바로 '너 자신을 알라.' 이 문구는 찬란한 그리스철학의 세계를 열었다.

'나는 누구인가'의 단계에 도달한 사람은 끊임없이 자신의 본질에 대해 질문한다. 모호하고 흐릿하지만 매우 중요한 것, 즉 나의 마음, 나의 정신, 나의 영혼, 나의 인격을 알고 싶어 하는 것이다.

어느 학생이 내게 아주 흥미로운 질문을 한 적이 있다. "교수님, 어떻게 해야 인격적 매력을 가질 수 있을까요?" 나는 곰곰이 생각한 후 대답했다. "인격적 매력이라고 하면 많은 사람이 '매력'에만 초점을 맞추고 '인격'을 등한시하죠. 하지만 이건 주객전도예요. 사실 인격적 매력의 핵심은 인격에 있어요. 그 사람의 인격이 얼마나 훌륭한지에 따라 그의 매력도 달라지죠. 전자와 후자는 필연적인 인과관계로 엮여 있어요."

이 단계의 눈에 보이지 않고 만질 수도 없으며 심오하기 그지없는 것들이 눈으로 보고 손으로 만질 수 있는 모든 것을 결정한다. 게다가 그것들은 시간의 지배를 뛰어넘으며, 죽음조차 그것을 앗아갈 수 없다. 그 학생의 질문에 대한 나의 대답은 이렇게 마무리되었다. "인격의 힘은 시공을 초월해요. 사람은 죽어도 인격과 매력은 남죠."

최고의 성공은 마음의 행복

인간에 관한 질문은 수없이 많지만 어느 질문에서 출발해도 '모든 길은 로마로 통한다'라는 속담처럼 마지막에는 '나는 누구인가'로 귀결된다. '나는 누구인가', '나는 어떤 사람인가'라는 질문의 답을 알아야만 '내가 어디로 가야 하는지' 알 수 있다.

'나는 누구인가'는 인생이 우리 각자에게 던져 준 수수께끼다. 누구도 대신 대답해 줄 수 없고, 다른 사람의 입김이 섞일수록 꼬여 버린다. 자기 마음을 제대로 이해한 사람만이 이 수수께끼를 풀고 자기 자신으로서 살 수 있다. 그리고 자신이 누구인지 정확하게 알 때, 삶은 그에게 '열려라 참깨'라는 주문처럼 문을 열어 준다. 그때 그의 눈앞에는 그토록 찾아 헤매던 행복으로 향하는 길이 나타난다. 여기서 '열려라 참깨'는 우리가 흔히 말하는 '깨달음'이다.

'나는 누구인가', 이것이야말로 진정으로 우리의 내면에 있으면서 우리의 마음, 정신, 영혼, 인격을 결정한다. 그것은 진정 우리에게 속한 것이며, 영원히 사라지지 않고 우리와 함께한다.

그것은 우리의 혈관 속을 흐르고 우리의 전신을 휘감으며 우리의 시야 안에 머무르기 때문에 누구도 앗아갈 수 없다. 또한 '마음에는 영원히 주름이 생기지 않기 때문'*에 시간도 그것을 앗아가지 못한다.

그것은 일종의 신성한 행복이다. 재산이 없어도 덕성을 갖추면 얼마든지 행복할 수 있다. 노벨평화상 수상자인 알베르트 슈바이처 박사는 풍족한 생활을 스스로 내던지고 아프리카로 가 의료봉사 활동에 50년이나 헌신했다. 자유를 잃어도 인격의 완성을 통해 깊은 행복을 느낄 수 있다. 남아프리카공화국의 넬슨 만델라 전 대통령은 27년이나 수감되어 있으면서도 얼굴에 미소를 잃지 않고 삶을 사랑했다. 죽음을 앞에 두고도 자신의 신념을 저버리지 않고 살았다는 사실에 행복하게 세상을 떠날 수 있다. 공자가 바로 임종 직전에 평생을 되돌아보고 편안하게 생을 마감했다.

"행복은 분명 가장 신성한 일이다."** 행복은 마음의 확신과 애정에서 태어나기 때문이다. 이런 행복을 이루었다면 최고의 '내공'을 성취

* 소설가 빅토르 위고가 여배우 쥘리에트 드루에에게 보낸 연서 중에
** 철학자 아리스토텔레스, 《니코마코스 윤리학》

한 것이다.

'물질의 풍요로움'이 인간을 편하게 하고 '자기계발의 성취'가 인간을 즐겁게 한다면 '영혼의 고귀함'은 인간을 구원할 수 있다. 내공은 성공의 핵심이다. 내공이 있을 때 사람은 비로소 행복을 발견하고 또 만들어 낼 수 있다. 진정한 성공은 반드시 행복을 내포하고 있으며, 인생 최고의 성공은 바로 내면의 행복이라고 나는 믿는다.

물론 진정한 성공이 '외공의 성취'인지 '내공의 성취'인지는 사람마다 생각이 다 다를 것이다. 그러나 분명한 것은 온전한 의미의 성공한 사람이 되기 위해서는 외공과 내공을 두루 성취해야 한다는 점이다. 외모뿐 아니라 마음씨까지 겸비한 사람이 진정 아름답지 않겠는가.

옛사람들은 '내외겸전內外兼全'을 미덕으로 삼고 강조했다. 외공을 수련함으로써 물질적인 풍요를 누리고, 내공을 수련함으로써 폭넓은 정신세계를 향유하고 영혼의 평화와 행복을 실현할 수 있다. 이런 삶이야말로 순수하고도 달콤하며 가장 높은 차원의 즐거움이다.

성공한 인생만을 좇느라 자신의 내면에서 점점 멀어질 때, 온갖 명예와 이익의 유혹 앞에서 자아가 길을 잃고 정신적인 터전으로 돌아오지 못할 때, 부에 대한 열정이 지나쳐 행복의 안온함을 느끼지 못할

때, 끊임없이 이 말을 되새겨야 한다. "행복은 인간이 누릴 수 있는 최
고의 이익이다."*

•   철학자 아리스토텔레스.《니코마코스 윤리학》

자신이 누구인지 정확하게 알 때,
삶은 그에게 '열려라 참깨'라는 주문처럼 문을 열어 준다.
그때 그의 눈앞에는 그토록 찾아 헤매던
행복으로 향하는 길이 나타난다.

품격은 내면에서
저절로 흘러나온다

품격이란 내면의 훌륭한 인격이 밖으로 비쳐 드러나는 것이자 강하고 자신감 넘치는 내면의 힘이 자연스럽게 배어 나오는 것이다. 내면의 삶이 아름답고 충만하기 때문에 그릇에 가득 찬 물이 밖으로 넘쳐흐르듯 그중 일부가 자기도 모르는 사이에 겉모습이나 말과 행동거지로 나타난다.

품격은 만들어 내는 것이 아니다

우리는 일상생활에서 이런 사람들을 심심치 않게 만난다. 어떤 사람은 자신이 위기 앞에서 어떻게 냉정을 유지하고, 절망적인 상황에서 어떻게 위기를 극복했는지 파란만장하게 이야기한다. 그러면 듣는 사람들은 그 말이 전부 진실인 줄 알고 감탄하면서 '난사람'을 만났다고 믿는다. 그러나 실상 그는 평범하기 그지없는 허풍쟁이에 불과하다. 겁도 없이 늑대 열 마리와 맞서 싸웠다고 무용담을 늘어놓지만 사실 사나운 개 한 마리에게 쫓겨 줄행랑을 친 아이처럼 말이다.

또 어떤 사람은 잘 꾸민 이력서에 자신이 참여했던 대형 프로젝트와 고위급 회의를 나열하고, 자신이 없어서는 안 될 중요한 역할을 맡았다고 적어 놓는다. 그러나 그를 잘 아는 사람의 이야기를 들어 보면 그는 실무와 상관없는 잔심부름이나 했지 뭐 하나 제대로 된 일을 맡은 적이 없고, 특별히 실적을 올린 것은 더 말할 것도 없다. 이런 사람들은 그저 빛 좋은 개살구일 뿐이다. 정작 가진 건 한 개밖에 없으면서 겉으로는 열 개, 백 개를 가진 것처럼 꾸며 댄다.

진짜로 품격을 갖춘 사람은 그와 정반대다. 보기에는 가진 게 한 개뿐인 것 같아도 실제로는 열 개, 백 개를 가지고 있다. 이런 사람은 남보다 훨씬 더 뛰어난데도 자신을 드러내고 자랑하는 것을 부끄러워한다. 제 입으로 자기 자랑을 하는 것이 원래 쑥스럽고 민망한 일 아닌가.

오래전에 봤던 영화의 한 장면이 떠오른다. 나이가 어리고 철없는 젊은이가 스승―덕망이 높아 사람들의 존경을 받는 영국 신사―에게 이렇게 질문했다. "영국에는 신사와 숙녀가 많다고들 하는데, 선생님도 신사이신가요?" 그 장면까지 보고 나는 생각이 복잡해졌다. 대답하기 까다로운 질문이었기 때문이다. 그가 자신을 신사라고 인정한다면 신사 하면 떠오르는 겸손하고 낮은 자세와 달리 다소 교만하게 보일 수 있다. 반대로 신사가 아니라고 대답한다면 스승에게 잔뜩 기대를 품고 성실한 자세로 가르침을 청하는 어린 제자를 실망시키게 될 것이다. 스승은 잠깐의 침묵 끝에 이렇게 대답했다. "I am always trying……(나는 신사가 되려고 끊임없이 노력해 왔단다)." 더할 나위 없이 훌륭한 대답이었다.

진짜로 품격을 갖춘 사람은 그 영화 속 스승처럼 말과 행동이 친근하면서도 존엄을 잃지 않고, 객관적이고 공정하지만 인자하며, 모든 행동에서 신중함과 분별력, 인간에 대한 이해와 배려가 묻어난다. 그래서 많은 사람에게 놀라움과 감탄, 깨달음과 감동을 준다.

물론 그들이 언제나 정확한 판단을 내리고 현명한 결정을 하는 것은 아니다. 그들도 남들과 마찬가지로 실수를 하고 잘못을 저지른다. 그들도 우리와 똑같은 사람이어서 완벽할 수는 없다. 다만 한 가지 다른 점이 있다면, 그들은 자신의 능력과 공을 자랑하길 부끄러워하는 반면에 자기 잘못과 책임을 과감하게 인정하고 진심으로 사과하며 잘못을 바로잡고 부족한 부분을 보완하기 위해 최선을 다한다는 것이다. 그렇기 때문에 잘못을 저지르더라도 주변 사람들로부터 더 쉽게 이해와 용서를 받을 수 있다.

그들은 스스로에게 아주 엄격하다. 자신의 잘못으로 인해 무고한 사람이 피해를 입었을 때 자신을 용서하기까지 남들보다 더 힘들고 오래 걸리며, 그 일이 그들에게 남기는 상처도 남들에 비해 더 깊고 오래간다. 내가 어렸을 때 사람은 자기 자신에게 엄격해야 한다는 어른들의 말씀을 자주 들었는데, 이들이야말로 자신에게 특별히 엄격한 사람들이다.

언젠가 책에서 중국의 번역가이자 작가인 푸레이傅雷 부부 이야기를 읽은 적이 있다. 문화대혁명 때 갖은 고초를 겪다 이 세상을 하직하기로 마음먹은 푸레이 부부는 옷을 말쑥하게 차려입고 사람들이 모두 잠든 깊은 밤에 이불보를 찢어 창틀에 묶은 뒤 목을 매달아 자살했다고 한다. 특히 놀라웠던 부분은 이웃에게 피해를 줄까 봐 마룻바닥에 두꺼운 이불을 깔아 놓고 움직였다는 점이다. 자신에 대한 기준이 아주 엄격하고 까다로운 사람은 죽는 순간까지도 우아함을 잃지 않는다.

진정한 품격에는 사람을 진심으로 따르게 만드는 강력한 힘이 있다. 수행에 정진하는 소수는 물론 허황된 명성을 동경하는 수많은 사람까지 이 힘에 매료된다. 전자는 오랜 세월 동안 모든 방면으로 방법을 모색하고 심혈을 다 쏟아부어 노력에 걸맞은 결실을 맺는다. 반면 후자는 조급하게 성공을 바라고 깊은 이해보다는 얕고 가벼운 것만을 좇으며 현상만 볼 뿐 그 속에 숨은 본질은 보지 못한다.

후자에 속한 사람들은 품격의 진정한 의미를 깨닫지 못한 채 본질과 상관없는 곁가지들만으로 자신을 치장하고 뽐낸다. 곁가지라는 건 결국 피상적인 형식이기 때문에 꼼꼼한 검증과 심도 있는 연구 앞에 서는 속수무책이다.

후자는 자신의 허점들이 드러나는 것을 피하기 위해 앞서 언급했던 빛 좋은 개살구가 될 수밖에 없다. 가진 게 한 개뿐인데도 열 개, 백 개를 가진 것처럼 허풍을 떨고, 텅 빈 부분은 허세로 감춘다. 하지만 자기 몸에 맞지 않는 옷을 억지로 걸쳤을 때, 겉보기에는 그럭저럭 봐줄 만할지 몰라도 움직이기 시작하면 여기저기 옷이 터져 속살이 보인다. 내면이 가득 찼을 때 자연스럽게 흘러나오는 것이 진정한 품격이라면, 공허하고 빈약한 내면을 감추기 위해 겉에 두르는 품격은 '가짜 품격'이다.

품격의 미덕

품격의 미덕은 겉으로 드러나는 멋스러운 자태나 우아한 몸짓에 있지 않다. 멋진 자세나 행동은 '스타일'일 뿐이고, 스타일은 소나기나 바람처럼 갑자기 왔다가 순식간에 사라진다. 품격이 봄바람처럼 사람의 마음속 깊이 스며들고, 품격 있는 사람의 '스타일'이 우리의 눈을 즐겁게 하는 이유는 온전히 *그*가 가진 '인격'이 우리의 마음을 즐겁게 하기 때문이다.

몇 해 전 기말고사 시험 답안지에 '일류는 마음의 크기를 겨룬다'라고 적은 학생이 있었다. 나는 그 말에 완전히 동의한다. 사람의 품격은 본질적으로 그가 가진 마음의 크기에 의해 결정된다.

대가가 겉으로 뿜어내는 풍모는 결국 내면에 품은 굳은 의지와 온유한 마음에서 비롯된다. 이런 의지와 마음 덕분에 이해하기 힘든 일도 이해하고, 견디기 어려운 고통도 참아 내며, 내려놓기 힘든 생각도 내려놓을 수 있다. 어떤 상황에서도 공정함과 인간에 대한 애정을 가지고 남의 기쁨을 나의 기쁨처럼 여기며 남의 고통을 보면서 역지사지의 정신을 잃지 않는 것 역시 내면의 의지와 온유함 덕분이다. 이런 사람은 '강자를 자기 형제처럼 여기고 약자를 자기 자식처럼 여긴다.'*

품격의 근원을 추적하다 보면 인류의 가장 오래되고 가장 위대한 힘, 도덕에서 그 뿌리를 찾을 수 있다. 품격의 본질은 물 흐르듯 유창한 말솜씨나 자유롭고 멋스러운 행동에 있지 않다. 사람의 마음을 압도하는 도덕의 힘, 그것이 바로 품격의 본질이다.

사람이 가진 '도량', '척도', '넓이', '높이', '깊이' 그리고 '품격'은 의

* 시인 보들레르의 말

식적으로 보기 좋게 꾸며 낸 것이 아니라 자연스럽게 흘러나온 천성이다. 그러나 그것이 꼭 타고난 천성 자체를 의미하는 것은 아니다.

품격은 생각을 거치지 않고 바로 튀어나오는 본능이 아니라 덕성에 대한 깊은 사유와 행동에 대한 신중한 취사선택을 바탕으로 한다. 품격은 최종적으로 무심한 행동으로 표출되지만 이런 '무심함'은 사실 오랜 고민과 눈물겨운 노력을 거쳐 나온 것이다. 어디에도 없다는 것은 어디에나 존재한다는 것과 같고, 무심하다는 말은 신경이 미치지 않은 데가 없다는 의미다. 진정한 품격은 깊은 사유와 고민 그리고 엄격한 수양을 통해 이룬 결실이다. 수양의 내용은 공정과 사랑이고, 수양의 핵심은 바로 도덕이다.

우리는 종종 도덕을 제멋대로 굴지 못하도록 제약하는 정신적인 속박이라고 오해한다. 하지만 도덕은 사실 훌륭한 인격 양성의 원동력이자 인간 품격의 자양분이다. 도덕이 있기에 우리의 인격은 거짓됨과 저속함에서 벗어나고 이기심과 악의를 뛰어넘을 수 있으며, 온유하고 감동적인 순수함과 자애로움을 품는 동시에 타인의 마음을 압도하는 통쾌한 힘을 발휘할 수 있다. 슈테판 츠바이크가 쓴 스코틀랜드 여왕 메리 스튜어트의 전기에서 그녀는 처형되기 직전에 "나는 당신들을 용서한다"라는 유언을 남겼다.

품격이 아름다운 꽃이라면 도덕은 그것을 잉태하는 신비로운 씨앗이다. 그렇기 때문에 품격은 소박할 수도 화려할 수도 있지만 결코 비천하거나 가식적이거나 오만하거나 남에게 상처를 주지 않는다. 또 가라앉거나 들뜰 수 있지만 절대 무지하거나 얕거나 유치하지 않다.

진정한 품격은 인성의 명과 암에 대해 깊은 통찰과 연민을 가지며, 삶의 희와 비를 관통하는 깨달음과 초월성을 지닌다. 진정한 품격은 기쁠 때는 기쁨을 가슴에 새기고 소중히 여기며, 고통 속에서는 고통을 감내하고 수용하며, 아픔과 괴로움을 겪은 후에도 선함을 잃지 않고 삶에 대한 열정을 포기하지 않는다. "무엇을 용서했는지 모르겠지만 진실로 세상사를 다 용서할 수 있을 것 같다"라고 한 중국의 화가이자 작가인 무신木心의 말에서 진정한 품격을 발견할 수 있다.

진정한 품격은 어느 하나 작은 것이 없다. 큰 도량, 큰 기개, 큰 배포, 큰 깨달음, 큰 관심 등 품격은 오직 큰 것뿐이다. 이렇게 훌륭하고 고귀한 품격 뒤에는 도덕이 지닌 넓고 깊고 두터운 '큰 사랑'이 존재한다.

자신감을 갖되
자만하지 말라

자신감과 자만심을 구분하자

남들과 마찬가지로 나도 자신감 있는 사람을 높이 평가한다. 자신감이 넘치는 사람은 상대에게 저절로 신뢰를 심어 줄 뿐 아니라 거부하기 어려운 영향력을 미친다. 그런 사람과 오랫동안 알고 지내다 보면 일을 처리할 때 냉정하고 침착하며 사람을 대할 때 거만하거나 조급해하지 않는 태도에 은연중에 영향을 받아, 사람을 대하고 일을 처리할 때 자연스럽게 본보기로 삼게 된다.

동시에 나는 남들과 마찬가지로 잘난 체하는 사람을 싫어한다. 이런 사람은 다른 말로 자만심으로 똘똘 뭉친 사람, 독선적인 사람이라고 한다. 이런 사람은 늘 자신의 판단과 재능, 선택이 옳다고 굳게 믿는다. 남들이 그의 주장과 반대되는 명백하고 객관적인 사실을 제시하거나 충분히 가치 있는 의견을 제공해도 못 들은 척하며 여전히 자기 생각만을 고집한다.

이런 사람을 개인적으로 봤을 때는 확실히 자신감이 넘친다는 인상을 받는다. 하지만 막상 조직이나 단체에서 맞닥뜨리면 그런 '자신감'은 지혜가 아니라 무지의 소산이며, 멀리 내다볼 줄 아는 식견이 아니라 눈과 귀를 막는 편협함이라는 사실을 깨닫게 된다. 또한 효과적으로 문제를 해결하고 전반적인 발전을 이끄는 데 아무 도움도 되지 않을뿐더러 맹목적인 독선으로 인해 문제의 근본적인 해결을 방해하고 쓸데없이 조직 내부의 역량을 소모시켜 결정적인 실패를 초래하기도 한다.

맥아더는 미 육군 역사상 최연소 육군사관학교 교장이었다. 그는 천부적인 재능을 타고났고 미국에서 가장 많은 훈장을 받은 군사 전문가이자 매일 떠오르는 태양을 맞이하듯 전쟁을 치렀던 5성 장군, 용감한 자들 가운데서도 타의 추종을 불허한 전설적 인물이었다. 그러나 그는 잘못을 인정할 줄 모르는 오만함과 비판을 용납하지 않는 안하무인의 태도 때문에 한국전쟁에서 과오를 범했다. 그는 결국 참다못한 트루먼 대통령에 의해 해임되었다.

자만심은 변질된 자신감

누구나 자신감 있는 사람이 되기를 갈망한다. 자만하다고 비난받기를 원하는 사람은 아무도 없다. 그러나 자신감과 자만심의 경계가 말처럼 그렇게 명확하지 않다는 사실을 우리는 자주 경험한다.

젊은 학생들 사이에서 종종 벌어지는 일이다. 이제 갓 문학이나 철학에 입문해서 저명한 학자들의 이름 정도만 들어 봤을 뿐 그들의 삶이나 사상에 대해 거의 모르는 학생이 그들에 대해 터무니없이 찬양을 늘어놓거나 함부로 비판을 가한다. 이렇게 잘난 체하는 것은 사실 자신의 재능이 모자라고 학문적 깊이가 얕음을 스스로 떠벌리는 꼴이다.

나에게 가르침을 주었던 스승들은 이런 학생을 만날 때면 그가 이야기하는 주제와 관련 있는 책이나 글을 추천해 주면서 때로 덤덤하게 한마디 덧붙이곤 하셨다. "학생은 자신감이 지나친 것 같군." 그 학생이 자만이라는 잘못을 저지르고 있음을 은연중에 암시한 말이다. 우리도 예외가 아니다. 겉으로 보기에는 자신만만하고 큰소리로 설득력 있게 말하는 것 같지만 사실은 좁은 식견을 뽐내고 스스로를 과대평가하는 경우가 많다.

우리는 종종 자만심을 자신감으로 착각한다. 이 둘 사이에 공통점

진정 자신감이 있는 사람은
자신이 잘할 수 있는 일이 무엇인지 끊임없이 탐색하고
자신의 부족한 점이 무엇인지 날마다 반성한다.

이 있기 때문이다. 자신감은 의심의 여지없이 '자기를 믿는다'는 의미이나 자만심 역시 자신을 믿고 의심하지 않으며 고집스레 견지한다는 의미를 담고 있다. 이 두 개념의 관계는 상당히 미묘하다. 마치 똑같은 빛이 비쳐 빛과 그림자로 나뉘고, 똑같은 타로 카드가 정방향으로 놓였을 때는 행운, 거꾸로 놓였을 때는 액운을 의미하며, 순서나 승부를 가르기 위한 동전이 땅에 떨어지는 순간 앞면과 뒷면이라는 상반된 결과가 나오는 것과 같다.

맥아더의 인생도 이와 다르지 않았다. 인생의 전반기에는 뛰어난 재능 덕분에 어떤 일에도 흔들리지 않는 자신감을 얻고, 눈부신 성취를 이룩했다. 그러나 그의 가슴에 묵직한 훈장이 늘어나고, 그를 향한 국민의 환호성이 높아질수록 그의 자신감은 점차 자만심으로 변질되어 부풀어 올랐다. 그는 팽창된 자만심으로 인해 군인이라면 가장 중시해야 할 기율을 가벼이 여기고, 위아래 모든 사람의 의견과 건의를 무시함으로써 결국 자신의 이성까지 적으로 돌려 버렸다.

'성격이 곤 운명이다'*라는 말처럼, 찬란하게 빛나던 맥아더의 운명은 인생 후반기에 접어들면서 반전을 맞이해 점차 어둠 속으로 빠져

---

* 철학자 헤라클레이토스의 말

들었다. 맥아더의 행운은 늘 당당한 자신감에서 나왔지만 그 자신감이 너무 지나쳐 불행의 싹을 키웠다.

맥아더의 사례에 담긴 이치를 발견하기란 그리 어렵지 않다. 자신감과 자만심은 겉으로 보기에 매우 비슷해 둘 다 자기 자신에 대한 믿음의 형태로 나타난다. 그러나 그 믿음의 정도에 둘의 본질적인 차이가 존재한다. 자신에 대한 믿음이 적정선을 유지할 때는 진정한 자신감이 되지만 일단 그 믿음이 도를 넘어서면 자만심으로 변질되고 만다.

우리는 살면서 종종 정도에 따른 차이가 본질과는 무관한 작은 문제라고 소홀히 넘긴다. 그러나 이는 털끝만큼의 차이가 나중에 천리나 벌어진다는 이치를 모르고 하는 소리다. 거의 모든 질적 변화는 사실 아주 미미한 양적 변화에서 시작된다.

자녀에 대한 부모의 사랑이 가장 대표적인 예다. 도를 지키면 진정한 사랑이지만 도를 넘으면 자녀의 성장에 도움이 되기는커녕 올바른 인격 형성을 가로막는다. 사랑이라는 아름다운 얼굴을 하고 있지만 너무 지나치면 사랑의 본질에서 멀어져 오히려 자녀에게 해를 끼친다. 입만 열면 "이게 다 널 위한 거야"라고 말하지만 이런 사랑은 보이지 않는 칼날이 되어 자녀의 가장 소중한 자유의지를 잘라 버린다.

이와 마찬가지로 자신감도 일단 도를 넘으면 변질된다. 자만심은 바로 변질된 자신감이다. 변질된 우유는 더 이상 순수한 우유가 아니다. 이상한 화학물질로 가득 차 인체에 필요한 영양분을 공급하지 못하고 건강을 해치는 독약이 된다. 자신감이 도를 넘어 자만심으로 변질되면 진정한 자신감과는 전혀 무관해진다. 자신감은 원래 인격의 빛나는 면이지만 자만심으로 변질되는 순간 성격의 결함이 되어 다른 사람뿐 아니라 자기 자신에게도 해를 끼친다.

나를 모르면 자신감도 없다

그렇다면 자신감과 자만심 사이에 넘을 수 없는 경계선을 긋는 것은 무엇일까? 또 적당함과 과도함을 구분하는 기준은 무엇일까?

"남을 아는 자는 지혜롭고 스스로를 아는 자는 현명하다知人者智, 自知者明"라는 옛말이 있다. 중국어로 '밍즈(明智, 명지)'는 머리가 냉철하고 행동이 신분에 걸맞은 사람을 칭찬하는 데 자주 사용한다. 이 단어에서 '明'이 '智' 앞에 놓인 것은 의도치 않은 한자의 조합일 수 있지만 마치 절묘한 직관과 논리가 작용한 결과처럼 보이기도 한다. 밝지 않은데 어떻게 지혜로울 수 있을까? 잘 보이지 않고 선명하지 않은데 어떻게 명확히 알고 본질을 꿰뚫어 볼 수 있겠는가? 따라서 지혜로워지려면 반드시 먼저 밝아야 한다.

앞서 언급한 대로 자신감과 자만심은 '자신에 대한 믿음'이라는 공통점이 있다. 반대로 둘의 차이점은 자신을 잘 아는지, 또 자기 자신을 냉철하게 인식하고 있는지의 여부에 있다.

바꿔 말해 자신에 대한 믿음을 가진 사람은 우선 자신을 잘 아는 사람이다. 이런 사람은 자신의 능력을 냉정하게 깨닫고 자신의 수준 및 장점과 단점을 객관적으로 판단한다. 이를 바탕으로 스스로 장점은 키우고 단점은 보완할 수 있다고 믿는다. 반대로 자만심에 빠진 사람은 자신을 잘 모르는 경우가 많다. 자신의 실제 수준을 정확히 파악하지 못하기 때문에 스스로를 객관적이고 공정하게 평가할 수 없다. 그래서 자신을 지나치게 높이 평가하고, '나는 모르는 것도, 할 수 없는 것도 없다'는 맹신에 빠진다.

이처럼 자신감을 가진 사람과 자만심에 빠진 사람의 본질적인 차이는 '자신에 대한 인식'에 있다. 옛말에 "사람의 귀함은 자기 자신을 아는 밝음에 있다"라고 했다. 옛사람들이 자기 자신을 잘 아는 것을 고귀한 일로 여긴 데서 알 수 있듯, 자신을 아는 것은 결코 쉬운 일이 아니다.

그렇다면 자신을 아는 것은 왜 그토록 귀하고도 어려운 일일까? 자신감을 가진 사람이 되려면 자신의 어떤 점을 잘 알아야 할까? 반대로 자만심에 빠진 사람은 진정한 자신감을 가진 사람에 비해 자신의

어떤 점을 모르는 것일까? 이런 질문의 답을 찾아낸다면 우리도 자신
감의 비결을 깨달을 수 있다.

진정한 자신감을 가진 사람이라면 자신의 어떤 부분을 알아야 할
까? 먼저 내가 할 수 있는 것, 즉 나의 장기, 나의 우위, 나의 강점을
알아야 한다. 이런 것들을 알아야 열등감에서 벗어나 가장 기초적인
자신감을 확립할 수 있다.

그러나 단순히 내 능력으로 할 수 있는 일이나 남보다 뛰어난 점만
알아서는 안 된다. 내가 할 수 없는 것, 즉 내 능력 밖의 일이나 따라
잡을 수 없는 사람을 보지 못한다면 우물 안 개구리처럼 좁은 시야에
갇혀 자신이 최고인 줄 알고 스스로 할 수 없는 일은 없다고 믿는다.
이런 상태가 지속되면 자신이 신과 같은 존재라는 착각에 빠진다. 이
런 사람은 법도 사람도 무시한 채 하늘 높은 줄 모르고 날뛴다. 법을
하찮게 여기고 이성의 문을 걸어 잠그며 정신적으로도 경외심을 내던
진다. 이성을 잃으면 광기에 휩싸이게 되고, 경외심을 잃으면 자멸의
늪에 빠지고 만다.

이것이 바로 자만심에 빠진 사람이 가진 문제점의 핵심이다. 자기
자신을 온전하고 정확하게 알지 못하는 것, 내가 할 수 있는 것만 알
고 할 수 없는 것은 전혀 모르는 것, 이로 인해 내 능력으로 할 수 없
는 일은 없다고 착각하는 것. 인간이라면 누구나 희로애락을 겪는 것
은 우리 중 누구도 '할 수 없는 일이 없는' 경지에 오르지 못했기 때문

아닐까?

자만심에 빠진 사람은 우물 안 개구리처럼 무지에서 비롯된 맹목적인 자신감으로 자기 자신을 속이고 남을 기만한다. 인간은 각기 다른 취향과 신념, 이상을 가지고 있기 때문에 자신이 좋아하는 일에 힘과 능력을 온전히 쏟아부을 수 있는 것만으로도 이미 엄청난 행운이자 행복이다. 그런데 굳이 모든 일을 다 잘하기 위해 애쓸 필요가 있을까?

인생이란 '할 수 있는 것'과 '할 수 없는 것' 사이를 떠도는 것

자신감이란 내가 무엇을 할 수 있는지 아는 데서 그치지 않고, 내가 할 수 없는 것이 무엇인지 아는 온전한 자기 인식 위에서 생겨난다. 내가 할 수 있는 것들만 안다면 안하무인의 거만한 사람이 되고, 반대로 내가 할 수 없는 것들만 알면 열등감과 자기 비하로 똘똘 뭉친 사람이 된다. 이 두 경우 모두 냉철한 자기 인식에서 벗어났기 때문에 자신감과는 거리가 멀다.

자신감은 자기 비하도 기고만장도 아니다. 열등감과 자만심, 이 양극단 사이에서 완벽에 가까운 평형을 이루고 어느 한쪽으로도 기울지 않는 중용이 바로 자신감이다.

극단은 흑과 백, 모 아니면 도처럼 어느 한쪽으로 완전히 쏠린 현상을 가리킨다. 반면 중용은 회색과 같다. 회색에는 온통 하얀색에 검은색이 살짝 섞인 연회색도 있고, 온통 검은색에 흰색이 드문드문 드러난 진회색도 있다. 또 그 사이에는 흑과 백의 비율에 따라 천차만별의 다양한 회색이 존재한다.

'할 수 있는 것'과 '할 수 없는 것' 중 어느 쪽이 더 많든 적든, 사람은 이 두 가지를 모두 가지고 있다. 단지 그 둘의 배합 비율과 구체적인 내용이 사람마다 전부 다르다는 것뿐이다. 예를 들어 어떤 사람은 만능 재주꾼이라 다양한 분야의 능력을 섭렵한 반면, 어떤 사람은 경제나 금융, 최신 유행은 전혀 모르지만 의술에 정통한 것처럼 어느 한 분야를 깊이 파고들기도 한다.

소크라테스는 이렇게 말했다. "아는 것이 많아질수록 접하게 되는 미지의 영역도 더욱 넓어진다." 다시 말해, 우리의 지식이 깊이를 더하고 경험이 많아질수록 할 수 있는 것이 늘어남과 동시에 모르고 할 수 없는 영역도 무한히 확장한다.

세상은 우리의 앎이 늘어날수록 좁고 작고 단조로워지지 않는다. 오히려 그 반대로 우리의 시야가 넓어지고 마음이 열릴수록 이 세상도 더 광대하고 신비로워진다. 그렇기 때문에 자신감은 '할 수 있는 것'과 '할 수 없는 것' 사이를 더욱 자유롭게 날아다니도록 해 주는 날개가 된다.

자신감은 '할 수 있는 것'과 '할 수 없는 것'을 냉철하게 판단하는 지적인 인식만을 토대로 하지 않는다. 또 남들과 어울려 세상을 살면서 상황과 필요에 따라 능숙하게 자기 마음을 조절하는 역량에 국한된 것도 아니다. 자신감은 보다 더 실질적으로 운용 가능하고, 보다 많은 이들에게 도움이 되는 형태로 구현되어야만 한다.

내가 할 수 있는 것을 알고, 그것을 더할 나위 없이 완벽하게 행하라. 내가 할 수 없는 것을 알고, 그것을 매우 겸허하게 받아들여라.

진정 자신감이 있는 사람은 평생에 걸쳐 자신이 할 수 있는 일이 무엇인지 모색하고, 할 수 있는 한 완벽을 기한다. 형식적으로 하는 척만 하거나 대충 해치우거나 재빨리 끝내고 보고하는 데 급급한 것이 아니라 자신이 한 말을 지키기 위해 행동하고, 그 행동에 걸맞은 성과를 거두려 일의 시작부터 끝까지 최선을 다한다. 동시에 이들은 매일 자신의 부족한 점을 돌아보는 시간을 갖는다. 이해하지 못했거나 잘 해내지 못한 것들에 대해 늘 겸허하게 받아들이는 자세를 취한다.

이것이 내가 개괄적으로 그려 낸 자신감과 자신감 있는 사람의 모습이다. 그러나 '할 수 있는 것을 아는 것'은 단순히 땔감을 나르고 물을 긷고 청소를 하는 등 눈에 보이는 능력 범위 내의 것이 무엇인지 아는 것만을 의미하지 않는다. '할 수 있는 것을 아는 것'의 본질적이고 핵심적인 의미는 아직 드러나지 않은 자신의 잠재력을 발굴하고 내면에 있는 자신의 재능을 파악한 후, 그 잠재력이 충분히 발휘되고 재능이 최대한 드러나도록 최선을 다하는 데에 있다.

새는 자신이 새임을 안다. 자신의 타고난 능력, 자신이 할 수 있는 것이 나는 것임을 알고, 광활한 창공과 고요한 숲이 그의 영혼이 속한 정신적 고향임을 안다. 물고기는 자신이 물고기임을 안다. 자신의 타고난 능력, 자신이 할 수 있는 것이 헤엄치는 것임을 알고, 물결이 용솟음치는 강과 바다에서 물결을 따라 헤엄치는 것이 자기 삶의 귀착점임을 안다.

자기만의 특별한 능력을 타고난 모든 사람은 내면 깊은 곳에, 결코 잊을 수 없으며 버리고 싶어도 버릴 수 없는 인생의 무대를 품고 있다. 나는 나만의 무대에서 열정을 불사르며 찬란한 불꽃을 피우고 싶다.

고마워요, 나와 함께해 줘서

우리가 하는 일이 뜻대로 되지 않을 때, 그 소식을 듣고 떠나가는 사람은 대부분 우리가 잘 나갈 때 우르르 몰려들었던 이들이다. 반대로 우리더러 경솔하고 자신의 생각만이 옳은 줄 안다고 질책해 우리를 언짢게 하고 화나게 했던 사람들은 끝까지 곁에 남아 끊임없이 정신적인 지지와 응원을 보낸다.

친구와 함께 있을 때
무언가 얻기를 바라지 않는다.
경계 태세를 갖추지 않고
마음을 놓을 수 있는,
애써 자신을 꾸밀 필요 없는
자연스럽고 편안한 상태,
그것만으로도 만족스럽다.

사랑에는
귀천이 없다

내가 어렸을 때 어머니는 어미 독수리와 새끼 독수리 이야기를 자주 들려 주셨다. 어미 독수리의 커다란 날개 아래에는 이제 막 날개가 자라기 시작한 새끼 독수리가 몸을 움츠린 채 어미에게 딱 달라붙어 있었다. 날개를 펴고 날아오르는 법을 가르치기 위해 어미 독수리는 새끼를 벼랑 끝으로 데리고 갔다. 처음에는 발톱으로 새끼를 잡아 멀찍이 떼어 놓기만 했다. 그때마다 새끼 독수리는 날개를 퍼드덕거리며 원래 자리로 돌아와서는 무서워 벌벌 떨며 어미에게서 떨어지려 하지 않았다. 그러자 어미 독수리는 마지막으로 날개를 휘둘러 새끼를 깎아지른 듯한 절벽 아래로 밀어 버렸다. 엄청난 속도로 떨어지게 된 새끼 독수리는 정신없이 휘몰아치는 기류 속에서 필사적으로 몸부림을 쳤고, 다급함에 어쩔 수 없이 날개를 펴고 균형을 잡으려 버둥거렸다. 그때 급격한 하강이 멈추더니 갑자기 세상이 탁 트이면서 그의 아래로 굽이진 산들과 드넓은 평원이 나타나고, 그의 눈앞에는 푸른 하늘과 흰 구름, 광활한 창공이 끝 모르게 펼쳐졌다. 이로써 새끼 독수리에게 새로운 삶의 여정이 시작되었다.

처음 이 이야기를 들었을 때, 나는 세상 물정 모르는 어린아이임에도 어머니의 사랑과 보호 아래 숨어 있는 나 자신이 연상됐다. 그리고 어미 독수리가 대체 어떤 마음으로 아직 날개도 다 자라지 않은 자기 새끼를 절벽 아래로 밀었는지 도무지 이해가 되지 않았다. 만에 하나 새끼 독수리가 제때 날개를 펼치지 못하고 깊은 심연으로 떨어졌다면 어떻게 됐을까? 새끼 독수리가 나는 법을 배웠다지만 그 이후로 누구의 보호도 받지 못한 채 혼자서 숱한 위험에 직면하고 한 치 앞도 내다볼 수 없는 운명을 헤쳐 가야 할 텐데, 어미 독수리는 망설이는 마음이 조금도 없었을까?

그러나 지금의 나는 이해할 것 같다. 새끼 독수리는 홀로 인생의 풍파를 감당하고 독립적인 삶을 살기로 결심한 용기를 보여 주었다. 그리고 벼랑 끝에서 끝내 새끼 독수리를 힘껏 밀어낸 어미 독수리는 비장한 각오를 품고 있었다. 사랑해 마지않는 자식을 완전히 독립시키는 부모의 마음에는 모순되게도 아쉬움과 믿음이 동시에 존재했고, 먼 미래를 내다보는 비범한 식견 속에는 놀랄 만한 용기와 깊은 사랑이 숨어 있었다.

내게 이토록 사리에 밝은 부모님이 계시다는 사실을 생각할 때마다 감사하고 영광스럽다. 그래서 부모님이 부유하든 그렇지 않든, 권력을 쥐었든 그렇지 않든, 신분이 높든 낮든, 요직에 있든 아니든 나에게는 언제나 소중한 분들이자 인생을 살면서 본받고 싶은 롤모델이다.

여러분에게도 이런 경험이 있을지 모르겠다. 우리가 인생의 중요한 단계에서 성공을 거둘 때, 우리 주변에는 '몇 명의 가짜 친구와 몇 명의 진짜 적'*이 출현한다. 그때 진정한 친구만이 우리에게 상황에 어울리지 않지만 꼭 필요한 조언과 충고를 해 준다.

우리가 하는 일이 뜻대로 되지 않을 때, 그 소식을 듣고 떠나가는 사람은 대부분 우리가 잘 나갈 때 우르르 몰려들었던 이들이다. 반대로 우리더러 경솔하고 자신의 생각만이 옳은 줄 안다고 질책해 우리를 언짢게 하고 화나게 했던 사람들은 끝까지 곁에 남아 끊임없이 정신적인 지지와 응원을 보낸다. 의심의 여지없이 이런 친구는 빈부에 상관없이 소중하고 귀하다.

* 인도 캘커타의 마더 테레사 본부 벽에 붙어 있는 시 중에서

우리는 연애할 때 꽤 오랫동안 서로 맞춰 가는 과정을 겪는다. 마음이 마냥 편치만은 않은 시기를 거치고 난 뒤에는 상대의 눈과 생각을 통해 그를 알기 전보다 훨씬 더 즐겁고 희망차고 깊은 사랑으로 다져진 새로운 세계를 목격한다. 그의 존재 덕분에 전보다 더 자기 삶과 생활을 사랑하고, 다른 사람의 삶과 생활도 소중히 여길 줄 알게 된다. 때로는 자신을 돌아보다가 문득 내가 상대를 알기 전의 나에 비해 훨씬 더 진실하고 용감하고 굳세고 사리에 밝고 스스로 존경할 만한 사람으로 변해 가고 있음을 깨닫는다.

간혹 사소한 문제들과 습관의 차이 때문에 연인과 다툴 때도 있는데, 감정이 격해져서 잠시 냉각기를 갖기로 하고 나서는 입맛도 활력도 흥미도 잃어버린 자신을 발견한다. 이 상황에서는 어떤 약도 소용이 없다. 그때 우리는 비로소 연인과 함께한다는 것이 얼마나 큰 행복이고 행운인지 깨닫게 된다. 상대가 우리에게 준 것은 돈으로 대신할 수 없는 귀중하고 값진 사랑이기 때문이다.

하루는 친구들과 사랑에 관해 이야기하다가 진정한 사랑에는 빈부귀천이 없다는 말에 다들 공감을 표한 적이 있다. 누가 뭐래도 사랑은 무한히 아름답다. 물질적인 풍요로움은 물론 좋은 것으로 사랑을 더욱 빛내 줄 수 있다. 두 사람의 사랑으로 짓는 '왕자와 공주가 사는 환상의 궁전'은 부유함 덕분에 쉽게 완성될 수 있다. 그러나 부유함만으로는 한 모금만 마셔도 사랑에 빠지게 만들 마법의 묘약을 만들지 못한다. 돈만 있으면 못할 것이 없는 세상이라지만 큐피드의 화살은 돈으로 살 수 없다.

부유함은 또 다른 면에서 사랑에 크나크게 기여하는데, 바로 사랑이 참인지 거짓인지 판별하는 시금석 역할을 한다. 경제적인 이유 때문에 시련을 겪은 연인은 사랑의 힘이 얼마나 강한지 깨달을 수 있다. 가장 값진 사랑을 하는 연인은 사랑할 가치가 있느냐의 문제를 따지지 않는다. 중국 작가 장아이링張愛玲•은 이렇게 말했다. "내게 당신을 사랑하는 일이 그럴 만한 가치가 있는지 묻지만 당신도 잘 알 거예요. 사랑은 가치가 있는지 없는지 묻지 않는다는 걸 말이에요."

우리가 가족, 친구, 연인을 진심으로 사랑한다면, 그들의 부유함이나 가난함은 결코 그들을 고귀하게 여기는 내 마음을 흔들지 못한다.

• 《색, 계》등을 쓴 중국 현대문학을 대표하는 작가이다. ─옮긴이

영혼의 가족을
찾는 방법

혈연관계는 인류 역사상 가장 오래된 관계이자 우리 인생에서 가장 중요한 관계다. 우리는 혈연에 의해 이 세상에 왔고, 혈연으로 엮인 가정환경 속에 살며, 부모형제 등 육친의 보살핌과 관심을 받는다.

혈연이라는 끈으로 엮인 사람들이 서로에게 갖는 감정은 그리 열정적이거나 떠들썩하지 않다. 대신 가장 끈끈하고 지속적이다.

혈연은 사람과 사람 사이에 생리적, 선천적으로 형성된 친밀한 관계를 뜻한다. 우리는 '피는 물보다 진하다'는 말로 가정 혹은 가족의 내부 단결력을 강조한다. 이 말에는 '우리가 어디에 있든, 무슨 일을 하든 서로 보살피고 사랑하는 것을 잊어서는 안 된다. 우리는 결국 피로 이어진 육친이고 가족이니까'라는 의미가 숨어 있다.

이밖에도 우리에게는 또 다른 가족이 있다. 이 가족은 생리적인 혈연에 의지하지 않으며, 선천적인 귀속감을 가질 필요가 없다. 자신의 독립적인 판단과 선택으로 가족을 형성하고, 원할 때는 언제든지 관계를 끊을 수 있다. 이 가족의 구성원이 될 때 필요한 조건은 하나뿐이다. 서로 마음과 뜻이 통하고 서로를 높이 평가하며 이제야 만난 것을 한탄할 만큼 마음이 맞을 것.

나는 그것을 '정신적 가족'으로 부르겠다. 사실 이는 정신으로 연결된 가장 진실한 우정 또는 나를 자기 자신처럼 잘 아는 벗이라는 의미의 '지기知己'를 가리킨다.

단 하나의 조건, 신뢰

지기 사이에는 가장 투명하고 순수한 정신적 관계가 유지된다. 한눈에 꿰뚫어 볼 정도로 아주 투명해 서로의 근심이나 속마음이 환히 들여다보인다. 심지어 입 밖으로 꺼내기 꺼려지는 생각조차 상대에게는 기꺼이 털어놓을 수 있고, 상대 역시 기꺼이 그것을 듣고 이해하려 한다. 또 나의 가장 흉하고 추한 모습을 보고도 여전히 내 손을 잡고 나를 안아 준다.

지기 사이의 교제는 순수해서 어떤 이유나 목적, 의도가 없다. 마치 또 하나의 자신을 만나는 것이지, 사교나 오락, 이익, 연민, 숭배 또는 그 어떤 구체적인 필요에 의한 것이 아니다. 이런 교제는 심지어 우정을 얻거나 유지하기 위함도 아니다. 오로지 상대의 존재로 인해 내가 안도감을 느끼고, 태어나면서부터 옭아매던 외로움의 저주마저 타파한다. 이것은 그야말로 기적적인 일이다.

지기란 말로 전달하기 어렵고 이치로 깨우치기 힘든 두 영혼 사이의 묵계이자 자연스럽게 가식을 벗어던진 두 영혼의 대등하고 진실한 만남이다. 상대와 떨어져 있을 때도 그는 내 마음속에 있고, 상대와 만났을 때는 진심에서 우러난 온화한 미소가 떠나지 않는다.

지기와의 교제 방식은 어떤 만남보다 소박하다. 테이블 하나와 의자 두 개만 있어도 혹은 산책하면서 대화를 나누기만 해도 좋다. 어쩌면 아무것도 필요 없을지 모른다.

학창 시절 친한 친구와 엄동설한에 학교 후문에서 세 시간 넘게 이야기를 나눴던 기억이 난다. 우리는 서로의 이야기에 취해 피곤한 줄 몰랐고, 사람들이 계속 주위를 오가는데도 아랑곳하지 않고 정신을 서로에게 집중했다. 날이 너무 늦어서 어쩔 수 없이 헤어져야 할 때는 아쉬움만 가득 남았다.

이런 소박함에 어느 정도 편안하고 쾌적한 환경만 더하면 지기와의 만남에 최적의 여건이 갖추어진다. 지기와의 만남은 상상할 수 있는 가장 가치 있고 흥미진진한 일 중 하나이기 때문에 따분하거나 단조롭다고 느껴질 일이 절대 없다. 마음속 깊은 대화를 나눌 때 서로 이해하고 공감하는 말에서 천연의 음악 같은 리듬이 생겨나 때로는 격앙되고 때로는 완만하며 때로는 숨죽인다. 서로의 언어와 침묵이 음표와 쉼표를 대체해 함께 창작하고 즐기는 사적인 교향곡 악장을 연출한다.

지기 간에는 마음과 마음이 서로 통하기 때문에 어떤 사건에 대해 약속이나 한 것처럼 비슷한 판단을 내릴 때가 많다. 그리고 상대가 마치 내 처지를 미리 내다보기라도 한 것처럼 적시에 조언이나 충고를 건네 눈앞을 환히 밝혀 줄 때도 많다.

인생의 여정에서 만난 어느 낯선 사람이 내 막역한 벗이 되었다. 그는 나에게 눈에 보이지 않는 열쇠 하나를 주었는데, 이 열쇠로 언제든지 그의 마음의 문을 열고 자유롭게 드나들 수 있다. 나는 이 관계를 특별히 소중히 여긴다. 그와 나 사이에는 절대적인 믿음이 존재하는데, 이 믿음은 이 세상에서 얻을 수 있는 가장 아름다운 것이다.

어떤 것에도 흔들리지 않는 이런 믿음은 누구나 감히 바랄 수 없을 만큼 신성하다. 이는 인간 세상의 기본적인 작동 원리에 위배되기 때문이다. 절대적인 믿음은 우리가 결코 닿을 수 없는 먼 이상 속에만 존재하는 동시에 현실의 수많은 어쩔 수 없는 것들에 대한 일종의 정신적 구원이라고 할 수 있다.

그러나 우리는 이 믿음이야말로 '정신적 가족'에게 없어서는 안 될 유일한 필수품이자 유일한 '가훈'임을 알고 있다. 정신적 가족 사이에는 반드시 절대적인 믿음이 유지되어야 한다. 왜냐하면 정신적 가족은 서로 영혼을 맡긴 사이이며, 스스로 이성과 양심을 잃는 것을 용납할 수 없는 만큼 상대의 이성과 양심에 대해서도 추호의 의심을 하지 않기 때문이다.

지기, 내 영혼의 쌍둥이

내가 지기를 '정신적 가족'으로 지칭한 것은 혈연관계와 비슷한 점이 있기 때문이다. 지기는 인연에서 시작된다. 비록 혈연은 아니지만 인연 역시 혈연과 마찬가지로 저항할 수 없는 힘을 가지고 있다. 혈연이 생리적인 것이라면 인연은 심리적인 것이라는 차이가 있을 뿐이다.

지기는 피로 엮인 육친이 아니기 때문에 '피는 물보다 진하다'는 정의에 부합하지 않는다. 하지만 '담담하기가 물과 같다는 군자의 사귐君子之交淡如水'도 진한 부모와 자식 간의 정이나 형제지간의 정만큼 감미롭고 대체 불가능하다. 영혼에 피가 있다면 지기는 틀림없이 나와 같은 피를 가졌을 것이다. 그 역시 나의 가족이자 내게 없어서는 안 될 나의 일부다.

혈연 가족이 삶의 터전이라면, 정신적 가족은 오래전에 헤어졌다 다시 만난 영혼의 형제자매다. 이런 유사한 점들 때문에 자기 마음속에 상주하는 참된 벗을 형제라 부르는지도 모르겠다.

유비, 관우, 장비도 서로를 끔찍이 아꼈기에 도원결의로 의형제의 연을 맺었다. 지기에 대한 애정이 가장 깊은 단계에 이르면 서로를 정신적 가족에서 혈연 가족으로 받아들이고 싶기 마련이다. 동물의 피를 나눠 마심으로써 혈맹을 맺었던 고대사회의 삽혈歃血 의식에는 '인조 혈연' 혹은 '후천적인 혈육'을 만든다는 의미가 어느 정도 담겨 있다.

이런 언행이 유치해 보일 수 있지만 그 안에는 진심과 열정이 가득하다. 물에 각자의 피를 몇 방울 떨어뜨려 한데 섞은 다음 서로 나눠 마심으로써 나의 진정한 형제, 진정한 가족, 진짜로 나와 피를 나눈 사람이 되는 것이다. 이렇게 해서 정신적 가족과 혈연 가족 사이에 교집합이 생기고, 그것은 곧 우리 인생 중 가장 아름다운 일부분으로 남는다.

물론 이 교집합에는 형제자매로 불리는 지기 외에 친구 같은 가족도 포함된다. 서로 털어놓지 못할 이야기가 없고 텔레파시가 통하는 부자지간, 모녀지간도 있지 않은가. 다행히 나도 어머니와 아주 가까운 관계를 유지하고 있다. 친구 같은 어머니를 두어 좋은 점이 많은데, 적어도 우리 사이의 정신적 친밀함을 나타낼 만한 특별한 호칭을

군이 찾지 않아도 된다는 것이다. 내가 부르는 '엄마'라는 두 글자는 단순한 호칭이 아니라 그 안에 진심어린 존경과 감사가 담겨 있다는 사실을 엄마도 알리라 믿는다.

사랑 앞에 무너지고 무릎 꿇다

정신적 가족을 이야기할 때 빼놓아서는 안 될 사람이 바로 연인이다. 연인은 내 영혼이 선택한 대상이다. 아니, 정확히 말해 영혼은 사랑을 선택할 힘이 없다. 그저 사랑 앞에 무너지고 무릎 꿇을 뿐이다.

사랑은 세상에서 가장 달콤하다. 사랑에 빠진 사람은 쉽게 짜증나거나 지치지 않고 영원히 늙지 않는다고 느낀다. 물론 사랑이 언제나 마음을 달콤하게 적시거나 마음의 꽃을 활짝 피게 하지는 않는다. 사랑의 오묘함만큼이나 그로 인한 고통과 상처, 초조, 막막함, 열등감, 의심, 공포가 우리를 덮칠 때가 많다. '세상의 모든 즐거움을 합해도 사랑으로 인한 고통에 비할 수 없다.'*

우리는 사랑의 고통에 기꺼이 자신을 내어놓으며 "그대 때문에 옷이 헐렁해질 만큼 초췌해져도 절대 후회하지 않아요"라고 말한다.

---

* 랠프 월도 에머슨, 《에세이*Essays: First Series*》

사랑에 빠진 사람에게 왜 그토록 상대에게 몰두하고, 왜 꼭 그 사람이어야 하느냐고 질문을 던진다. 특별히 용모가 뛰어나지도 않고 별매력도 없어 보이는데 왜 마음이 끌려 사랑에서 헤어 나오지 못하느냐고 물었을 때, 그 안의 오묘한 비밀을 명확히 설명하고 사랑의 실마리를 찾아낼 수 있는 사람은 아무도 없다. 우리가 아는 것이라곤 사랑이란 자기도 모르게 온 정신과 마음을 집중하게 되는 것이라는 사실뿐이다.

거리를 가득 메운 인파 속에서도 우리의 신경은 레이더처럼 연인의 존재를 정확하게 파악하고, 조건반사처럼 코를 찡긋거려 그의 냄새를 맡으며, 눈으로는 군중을 뚫고 그의 그림자를 찾아낼 수 있다. 우리의 영혼은 이미 내 안에 있지 않고 상대의 가슴에 들어가 있기 때문이다.

사랑이 사람의 눈을 멀게 한다는 것은 진정한 사실이 아니다. 상대의 결점은 남들 눈에 보이는 것처럼 내 눈에도 또렷하게 보인다. 어쩌면 사랑이란 일종의 미신일지도 모른다. 머는 것은 눈이 아니라 바로 영혼이니까. 우리는 두 눈으로 상대의 머리부터 발끝까지 보는 것이 아니라 마음으로 그를 느낀다. 상대를 필요로 하는 것은 단지 그를 사랑하기 때문이다.

이 글을 써 내려갈 때 문득 미국 학자 한 분이 떠올랐다. 존경스럽고도 사랑스러운 그분은 65세로 백발이 성성하며 말과 행동에서 연륜이 느껴지는 진중한 분이다. 그분은 나와 이야기를 나눌 때 아내에 대해 자주 말씀하시곤 했다. 그분이 가진 아름다운 것들은 대부분 그의 부인이 미친 좋은 영향력 덕분인 것 같다는 인상을 받았다.

"부인께서는 어떠신 분인가요?" 내 질문에 그는 골똘히 생각하더니 나를 지그시 바라보며 말씀하셨다. "나에게는 천사와 같다오." 그 순간 내 눈에 비친 것은 스무 살의 그였다. 그의 표정은 여전히 점잖았지만 내면의 미소와 만족감이 밖으로 흘러넘쳤다.

나는 무심결에 사랑의 비밀을 엿본 것 같았다. 사랑은 사람을 늘 젊게 만들어 준다. 물론 사랑이 불로초처럼 세월이 우리 피부에 남긴 흔적을 정말로 줄여 준다는 의미가 아니다. 사랑은 우리 각자의 영혼 속에 잠자고 있는 어린아이를 깨워 젊음을 되찾고 영혼에 마르지 않는 생기를 불어넣으며 순수하고 경건한 마음을 갖게 한다는 뜻이다.

연인 또한 우리의 '정신적 가족'이다. 우리의 정신은 그의 존재 덕분에 생기가 넘친다. 우리의 마음에 연인의 마음을 더할 때, 그것이 무겁게 느껴지기는커녕 창공을 발견한 새처럼 더 용감하고 더 자유롭게 날아오를 수 있다. 연인이 우리 생활 속에 들어와도 부담이 가중되는 것이 아니라 반대로 인생에 새로운 문이 열려 우리의 세계가 더 풍요롭고 광활해진다.

　이런 이유 때문에 우리는 삽혈 의식과 유사한 결혼을 통해 정신적 가족인 연인을 혈연 가족의 일원이자 인생의 동반자로 맞아들인다. 이는 또한 후천적으로 만들어지는 혈연이자 혈연 가족과 정신적 가족 사이에서 이루어지는 창조적이고 위대한 도약이다.

사랑은 세상에서 가장 달콤하다.
사랑에 빠진 사람은 무슨 일이 있어도
짜증나거나 지치지 않고 영원히 늙지 않는다고 느낀다.

서로에게 순수하기에
가능한 믿음

고독한 사람은 혼자 있기를 좋아하고 남과 어울리지 못해 친구가 없을 것이라고 생각한다. 이는 잘못된 오해다. 항상 고독한 자의식으로 자신을 돌아보는 사람만이 진정한 친구를 가질 수 있다.

친구라는 단어의 남용

친구는 사랑에 이어 가장 많이 남용되는 단어다. 자주 오용하다 보면 자연스레 오해가 생기기 마련인데, 친구란 단어 역시 남용으로 인해 가치가 적잖이 떨어졌다.

진정한 친구란 같이 노는 무리나 술친구, 외로울 때 위로받기 위해 찾는 사람, 정신적 피난처 그리고 이해관계나 필요에 의한 인맥 등이 아니다. 또한 친구는 우르르 몰려다니는 집단이나 자주 한데 모이는 동아리가 아니며, 내 생각과 견해에 무조건 찬성하고 아부하는 사람도,

내가 하는 모든 일에 타협하거나 맹목적으로 따르는 사람도 아니다.

친구는 시종이나 부속품 또는 들러리가 아니라 인격적으로나 정신적으로 서로 대등한 사람이다. 처음 만나자마자 오래 사귄 친구처럼 친해지는 경우는 드물다. 사이가 가까워지고 의기투합하기까지는 시간을 들여 서로 노력하는 과정이 필요하다.

친구를 자신의 정신적 피난처로 여길 때, 우리는 별 생각 없이 혼자서 감당하기 벅찬 슬픔과 원망의 감정을 모조리 친구에게 쏟아 낸다. 친구의 의사나 입장, 처지는 고려하지 않은 채 고민을 분담하라고 요구한다. 최소한 불만과 넋두리라도 귀담아들어 주길 바라는데, 이런 관계를 원하는 것은 너무 이기적이지 않을까?

이런 행동은 친구에게도 좋지 않다. 친구라는 미명 아래 그를 감정의 배설구로 삼아서 본래 혼자 감당해야 할 분노와 원망을 아무 관계도 없는 사람에게 무절제하게 퍼붓는 짓이다. 이는 우정의 남용이자 친구를 소모하는 행위다. 끝도 없이 불평불만을 토로하는 사이에 친구와 함께 있는 소중한 시간을 낭비하게 된다.

친구끼리는 고통을 나눠야지 원망을 나눠서는 안 된다. 고통은 마음이 겪는 수난이지만 원망은 감정의 독기이기 때문이다. 친구의 고통은 때로 우리의 고통이기도 하다. 절대 자기 감정의 독기를 살포해 친구의 삶을 오염시켜서는 안 된다.

쓸모없는 존재의 이유

친구는 쓸모없는 존재다. 우리가 친구를 사귀고, 친구를 필요로 하고, 친구를 사랑하는 것은 쓸모 있기 때문이 아니다. 친구는 이용하기 위해서, 감정의 배설구가 필요해서, 위로를 얻기 위해서, 자신의 잘난 점을 돋보이게 할 들러리가 필요해서, 조력자나 공모자가 필요해서 사귀는 것이 아니다.

사랑과 배려를 주기 위해서, 마음의 풍요와 삶의 아름다움을 함께 나누고 싶어서, 서로에 대한 이해가 깊어져 마음이 통하는 순간을 맞기 위해서, 보이지는 않지만 어디에나 존재하는 공기처럼 늘 함께 있다는 느낌과 신뢰감을 느끼기 위해서 친구를 사귄다. 친구와 함께 있을 때 무언가를 바라지 않는다. 경계심을 가지거나 애써 자신을 꾸밀 필요 없이 자연스럽고 편안하게 있는 것만으로도 족하다.

내 친구 하나는 말하지 않아도 마음이 통하는 친구 사이를 이렇게 표현했다. '손을 잡고 말없이 바라보기만 해도 서로의 마음이 훤히 들여다보이는 사이.' 정말 그렇다. "내가 너를 모르니?" 그 친구가 무심결에 뱉는 이 한마디에 나는 늘 감동받고 스스로 행운아라고 느낀다. 그가 나를 안다. 그가 나를 알아줄 거라고 내가 믿은 것처럼. 굳이 많은 설명이 필요하지 않다. 그가 나를 다 아니까.

오래전 대학 졸업 무렵이었다. 내 이성 친구 하나는 멀리 떨어진 지방에 취직하게 되었고, 나는 학교에 남아 학업을 이어 갈 생각이었다. 그가 떠나기 전날, 우리는 학교 여기저기를 산책하며 이야기를 나누었다. 졸업은 분명 기쁜 일이지만 크고 작은 헤어짐의 슬픔을 안겨 주기도 했다.

그 친구가 이렇게 말했다. "넌 내 가장 좋은 친구야. 헤어지기 전에 한 번 안아 봐도 될까?" 내가 뭐라고 대답하기도 전에 그는 조금 민망했던지 어물쩍거리며 변명했다. "아니, 뭐 특별한 의미가 있는 건 아니고……. 아, 그렇다고 무슨 엉큼한 생각을 품은 건 더더욱 아냐……. 싫으면 안지 않아도 상관없어……." 그때 내가 두 팔을 벌려 그를 와락 끌어안고 말했다. "설명 안 해도 다 알아. 너도 내 가장 좋은 친구야. 앞으로 하는 일이 다 잘 되길 바랄게." 우리 둘 다 그 포옹의 의미를 잘 알고 있었다. 거기에는 어떤 사심도 없었다. 그래서 어떤 걱정도 할 필요가 없었다.

현실에서 어려움에 부닥칠 때 우리는 오히려 친구의 도움을 구하지 않는다. 친구에게 돈을 빌리거나 일자리를 부탁하지 않으며, 친구가 우리 때문에 나섰다가 곤란해지길 원치 않는다. 이런 점에서 우정은 사랑과 아주 흡사해 순수하고 아름다우며 신성하기까지 하다.

우정은 서로 마음이 통한다는 것을 전제로 한 정서적인 관계다. 내 개인적인 이유 때문에 자신의 소울메이트가 너무 많은 현실적인 부담을 지길 바라지 않는다. 그 친구를 사랑하기 때문에 쉽사리 짐을 지우기 싫고, 또 그와의 소박한 우정에 우정과는 동떨어진 요소가 끼어들어서 복잡하게 얽히기를 바라지 않는다.

군자의 사귐은 물처럼 담백한 법이다. 친구를 어떤 쓸모에 의해 사용하기보다 쓸모없는 채로 내버려 두자. 우정이라는 맑은 물을 휘저어 더럽히기는 너무 아까우니까.

때로는 그 물이 너무 맑아 바닥까지 보이기 때문에 두 사람의 사정을 모르는 사람은 물이 없다는 착각, 즉 두 사람이 친구 사이가 아니라고 여기기도 한다. 이는 유리가 너무 투명해 사람들이 종종 이를 인식하지 못하고 유리에 부딪히는 것과 같다.

우리는 남들 앞에서 친구에 대해 자주 언급하거나 얼마나 깊은 우정을 쌓았는지 자랑하지 않는다. 심지어 친구와 자주 만나거나 시시콜콜 연락을 주고받지도 않는다. 그래서 많은 사람들은 우리가 오랜 세월에 걸쳐 깊은 우정을 쌓아 왔다는 사실을 모른다. 그러나 진정한 친구는 아무리 오랜만에 만나도 늘 만난 사이처럼 여전히 마음끼리 통한다.

친구는 소울메이트다. 영혼으로 이어진 사이이자 정신적인 한 몸으로 공존한다. 이런 우정 속에서 우리는 상대방의 사소한 일부가 아니라 영혼 그 자체다.

친구는 실용적인 존재가 아니라 사치품이다. 실용성의 기준에 맞지 않고 오히려 삶에 화려함을 더해 준다. '인생에서 자신을 알아주는 친구가 한 명이면 족하다'라는 말도 있듯, 이미 그런 친구를 가졌다는 것 자체만으로도 행복이다.

소위 친구가 당신이 필요로 할 때 잠깐 쓰이는 도구를 의미한다면 그것은 실용성이나 이익적인 측면을 벗어나지 못한다. 아름다운 우정은 이익과 무관하다. 이익을 추구하는 사이라면 비즈니스상의 '동료partner'라는 호칭이 더 어울린다. 동료는 명확하고 합리적인 계약 관계로 성립된다. 반면 '친구friend'는 고락을 같이하는 끈끈한 관계를 기반으로 한다.

함께 '혼자 있기'

친구의 전제는 진실함과 솔직함이다. 상대 앞에서 나는 온전한 내가 될 수 있다. 조용히 생각에 잠기거나 멍하니 있어도 어색해질까 봐 걱정할 필요가 없다. 또 아무 생각이나 걱정도 없는 느슨한 상태로 신경을 풀어 줘도 괜찮다. 마치 정지 상태의 유리잔처럼 투명하고, 없는 듯 있어도 된다. 누가 진짜 친구인지 알고 싶다면 그와 함께 있을 때 편안하고 평화로운지, 또 충만하고 행복한지 자신의 마음에 물어보라. 그럼 답을 얻을 수 있다.

친구가 가져다주는 것은 떠들썩한 인기가 아니다. 우정은 안정적이고 평온한 공기와 같아서 그 안에서 서로 '함께 있는 고독'의 즐거움을 만끽할 수 있다. 이는 심지어 혼자 있는 고독의 즐거움을 능가한다.

바꿔 말해, 친구는 내가 고독을 더 잘 느끼도록 도와준다. 친구 몇 명이 한 집에 있을 때, 각자 구석 자리를 하나씩 차지하고 앉아서 탁상용 스탠드 불빛 아래 책 한 권과 컵 하나씩을 두고 아무 말 없이 독서 삼매경에 빠져 있는 장면을 상상해 보자. 가끔 고개를 들어 서로 눈이 마주쳐도 애써 미소를 짓거나 어떤 표정을 준비할 필요도 없다.

홀로 있는 것도 형언할 수 없이 멋진 일이지만 이따금 시간과 공간이 흐릿해지는 착각과 불안이 동반되고, 지금이 실제인가 하는 의구심이 들 때가 있다. 깊은 산 속에서 혼자 헤매는 시간이 길어지면 돌아갈 길을 잃고 막막함에 빠져 버리는 것과 같다.

그러나 친구와 함께하는 '혼자 있기'는 이런 의구심을 날려 버린다. 혼자 있을 때보다 더 편안하고 따뜻하며, 훨씬 안심되고 자유롭다. 상대와 함께 있는 것은 마치 자기 자신과 함께 있는 것만큼 자연스러워 가식적으로 굴거나 일부러 애쓸 필요가 없고, 말을 하거나 대화를 걸 필요도 없다. 서로에 대한 이해와 믿음이 빚어내는 편안하고 한적한 분위기 속에서 마음 놓고 삶의 운율을 나누다 보면, 시간은 두 사람이 박자를 맞춰 만들어 내는 영혼의 리듬이 되어 흐른다. 고요하되 썰렁

하지 않고, 함께 있되 서로 간섭하지 않는다.

친구와 함께 있는 것은 연인과의 교제와 같아서 둘만의 세상이 최상의 상태다. 그때 속마음이나 진술한 생각을 드러내는 은밀한 주제에 대해 더 깊이 이야기를 나눌 수 있다. 이런 친밀한 대화를 나눌 때 셋은 너무 많아 보인다. 두 사람 사이에 화제를 찾고 이야기를 이어나가는 것은 너무나 자연스럽다. 반면에 세 사람의 공통된 관심사를 찾는 것은 상당히 신경 쓰이는 일일 뿐더러 설령 그런 소재를 찾았다 해도 한참 이야기를 나누다 보면 어느새 한 사람은 상대적으로 화제에서 멀어지는 경우가 많다. 그러면 나머지 두 사람은 대화 내용을 다시 잘 조정해 그 한 사람을 대화 속으로 끌어들여야 한다.

물 흐르듯 자연스럽고 흥이 오르는 만남에서 전체를 아우르는 이런 배려는 집중력을 분산시키기 때문에 반드시 피해야 할 사항이다. 둘만의 세상일 때 대화는 좀 더 진술하고 집중이 가능하다. 또 화제의 선택도 훨씬 자유로우면서 죽이 잘 맞는다. 이야기를 나누는 과정에서 생각지도 못했던 멋진 주제들이 튀어나오고, 무심코 떠올린 아주 사소한 생각의 갈피들도 두 사람의 사고가 만나면서 확장되고 꽃을 피울 수 있다.

우정에는 계약이 필요치 않다

우정이 아름다운 것은 영혼이 아름답기 때문이다. 아름다운 우정은 시간의 담금질과 현실의 시련을 이겨 낼 수 있다.

누군가를 친구 또는 지기라고 섣불리 단정해서는 안 된다. 만난 지 얼마 안 된 사이라면 서로의 가치관이 어떤지 파악하기에는 아직 이르고, 결정적인 순간 자신이나 상대방이 어떤 선택을 할지 모르며, 서로가 가진 도덕적인 기준이 얼마나 다를지도 아직 모르기 때문이다.

고난을 함께 겪은 사이의 신뢰감은 결코 하루아침에 쌓이지 않으며, 답을 얻을 수 있는 공식이 있는 것도 아니다. 우정에는 결코 정해진 규칙이 없다. 우리가 친구가 될 수 있을지 결정하는 것은 나도 당신도 아닌 바로 시간이다.

시간은 결코 무시할 수 없는 힘이다. 시간은 필적하기 어려운 예리함을 지니고 있으며, 두 사람을 점점 더 멀어지게 만들 수도, 점점 더 가깝게 만들 수도 있다. 시간은 아직 살아 있는 사람의 존재조차 부지불식간에 잊게 하는 반면, 이미 죽은 사람을 가슴에 새기고 영원히 기억하게 할 수도 있다. 시간은 맑은 거울과 같아서 친구의 마음을 감정하고 증명하며, 친구는 시간의 침전 속에서 수면 위로 떠오른다.

친구에 대해 명확한 정의를 내리기는 어렵다. 세상의 틀에 맞지 않기 때문에 어떤 유형인지 분류할 수도 없다. 친구란 본래 가장 속되지 않은 것이기 때문에 그것이 가진 특징 또한 세속을 뛰어넘는다.

우정을 나누는 쌍방 모두 이성적이고 독립적인 사람이어야 한다. 그래야만 그것이 우애인지 의존인지, 독립적인지 도구로 이용하려는 것인지 감별할 수 있고, 자기중심적인 지배자나 자기 주장이 없는 추종자로 전락하지 않으며, 이성 간에는 우정인지 썸인지 헷갈리지 않을 수 있다.

친구는 예비 남자 친구나 여자 친구가 아니다. 이런 생각은 우정에 대한 모독이자 사랑에 대한 모욕이다. 진정으로 아름다운 친구 사이란 순수하기 때문에 고귀하고, 두 사람의 마음에 악의와 사심이 없기에 투명하다.

반면 '썸'은 맑은 우정에 위배된다. 이미 순수함을 잃었기 때문에 더 이상 우정이라는 말과 어울리지 않는다. 애매모호하면서도 불투명한 이런 관계는 일종의 혼란이자 혼탁이다. 이는 어떤 꿍꿍이를 위해 의도적으로 관계를 유지하는 것이고, 둘 사이의 선을 넘으려는 모종의 동기를 감추고 있다.

우정을 나누는 사람끼리는 우정을 빌미로 서로 구속하지 않는다. 우정은 굴레가 아닐뿐더러 어떤 출입금지 구역도 만들지 않는다. 모든 것은 두 사람의 자발적인 의사와 자율에 달려 있다.

친구를 사귀는 이유는 정신적으로 더 큰 자유를 누리기 위함이지 자유를 제한하려는 것이 아니다. 상대방이 가장 자기다운 모습을 발견할 수 있도록 돕고, 서로 타고난 성향을 지켜 주려 노력하며, 상대에게 변화나 보답, 응답을 강요하지 않는 것이야말로 진정한 우정이다.

우정에는 두 사람의 진심에서 우러난 선의와 관심, 존중과 사랑이 필요하다. 우정을 나눈다고 해서 그것을 빌미로 무례하고 제멋대로 굴어서는 안 된다. 우정은 함부로 상대를 귀찮게 하거나 당연하다는 듯 상대의 시간과 에너지를 차지해도 된다는 특권이 아니다. 우정이 계약을 필요로 하지 않는 이유는 늘 이성理性이 동행하기 때문이다.

우정은 실용성과 무관하다. 고상하고 진지한 감정 외에 다른 요소는 우정에 어떤 도움도 되지 않는다. 친구끼리 믿음을 유지하는 것은 서로 순수할 때 가능하다. 우정은 위선과 가식으로 인해 무너진다.

마음이 이끄는 도덕적 삶

4강

도덕적인지 부도덕한지에 대한 답은 혼자 있을 때 가슴에 손을 얹고 스스로에게 물어보면 알 수 있다. 자기 마음에게 이렇게 하면 편안한지 묻고, 편안하다면 그렇게 하면 된다.

진정한 도덕은 천성에서 비롯되어
마음의 편안함으로 돌아간다.
그것은 본능과 유사하다.
이것저것 재고 따진 후에
선행을 하는 것이 아니라
그렇게 하지 않으면
마음이 편치 않기에
몸소 실천하는 것이다.

남을 위하는 것이
나를 위하는 최고의 방법이다

도덕에 대해 논할 때마다 늘 도덕은 우리를 올바르기는 하나 그리 마음 편하지 않은 인생길로 이끄는 느낌을 받는다. 그래서 대다수 사람들은 도덕을 동경하고 도덕적인 사람을 우러러보면서도 도덕적인 잣대로 자기 삶 구석구석을 살피거나 진정으로 도덕을 자기 마음에 품고 살려고 노력하지 않는다.

현대인이 도덕에 대해 고민하는 지점이 있다. 우리는 개인의 자유를 중시하기 때문에 자신의 언행이 도덕적 규범에 지나치게 간섭받는 것을 원치 않는다. 그러면서도 도덕이 훌륭한 것이며, 사회적 삶이나 대인관계가 순조롭게 이루어지기 위해 필수 불가결한 조건임을 너무나 잘 알고 있다.

만일 한 사회에 도덕규범이 없고, 그 사회의 구성원들이 서로 교류할 때 마음에서 우러나오는 진실함이 없다면 이들의 인간관계는 갈수록 가식적이고 의뭉스러워질 뿐 아니라 도덕과 신뢰에 대해 무감각해질 것이다. 그렇게 되면 설사 그 관계가 겉으로 아무리 요란하고 활기차며 왁자지껄하다 해도 본질적으로는 어떤 진심도 찾아볼 수 없는 메마르고 황량한 사막에 불과하다. 그런 사막에서 유일한 낙이라고는 이따금 나타나 무료함을 잊고 공허함을 회피하게 해 주는 신기루뿐이다.

도덕의 기준은 이타심과 이기심이 아니다

도덕에 대한 오해부터 먼저 짚고 넘어가 보자. 대다수의 사람은 도덕의 목적이 이타심을 추구하고 이기심을 배척하는 데 있다고 생각하며, 도덕적으로 살면 개인의 자유를 빼앗길까 봐 쉽게 도덕에 가까이 가지 못한다.

사실 한 사람의 언행이 이타적이라고 해서 그 사람이 정말로 순수한 도덕 정신을 가졌다고 단정할 수는 없다. 자선 행위를 예로 들어 보자. 자선의 최종적인 효과는 약자에게 도움을 주고 가난한 이에게 기회를 제공하며 고통 받는 이에게 위로를 주는 것이다. 이런 것들이 전형적인 이타적 행위인 것은 사실이다. 그러나 도덕은 이타적인 언행이나 결과보다 더 엄격한 기준을 가지고 있는데, 그것은 바로 '진심'이다.

자선을 행한 동기가 타인의 고통에 대한 동정과 관심에서 나오고, 자신이 누리는 행운에 대해 감사하고 이를 나누려는 마음에서 비롯되며, 영혼 깊은 곳의 측은지심에서 우러나와야 도덕적 기준에 부합한다. 이와 달리 남들의 시선에 못 이겨서, 돈으로 선행을 삼으로써 명예를 얻기 위해서 혹은 세상에 자신의 미덕과 교양을 과시하기 위한 수단으로 자선 행위를 했다면 결과적으로 이타적인 행동일지라도 도덕 정신이나 이웃 사랑, 선의와는 전혀 무관하다. 이는 자선 행위를 이용한 것일 뿐이며, 선행의 뒤에는 이익을 추구하려는 꿍꿍이나 계산이 숨어 있다. 그것은 이타적 행동인 동시에 위선이다.

이와 마찬가지로 주관적인 측면의 '이기利己'를 이기심과 동일시해서도 안 된다. 이기는 동물이든 인간이든 나면서부터 가진 본성이자 가장 본질적인 욕구여서 크게 비난할 수 없다. 본능과 욕망, 천성, 사유 등 대자연이 인간에게 부여한 것들에는 본래 선악의 구분이 없다. 인간이 그것들을 어떻게 다루고 어떻게 사용하며, 또 어떤 목적으로 이용하느냐에 따라 선과 악으로 나뉜다. 인간이 태어나면서부터 가지는 정상적인 욕구는 당연히 존중받고 신중히 다뤄져야지, 덮어놓고 비난하거나 부정해서는 안 된다고 생각한다.

이기는 바로 이렇게 자연적으로 생성된 본능과 욕망, 천성이 충족되는 것을 가리킨다. 졸리면 잠자고 배고프면 먹는 것은 지적받을 일이 아니라 너무나 자연스러운 현상이다.

남에게 피해를 입히면서까지 자신의 이익을 꾀하는 것이 바로 이기심이다. 남에게 피해를 주지 않는 이기는 부도덕한 것이 아니다. 이기를 잘만 사용한다면 도덕규범에 위배되지 않는 것은 물론이고 널리 권장할 만한 미덕이 된다.

연구실에 틀어박혀 과학 연구에 몰두하다가 획기적인 업적을 세워서 학계의 존경과 대중적인 명예를 얻는 것은 일종의 이기다. 열심히 일해 자기 분야에서 성공을 거두고 꿈을 이루는 것도 이기이며, 학생이 열심히 공부해서 원하는 대학에 들어가는 것 역시 이기다. 근면, 끈기, 용기, 총명, 건강 모두 나를 이롭게 하는 것이지 이기심이 아니다.

또 한 가지는 남에게 피해를 주면서 자기에게도 이익이 없는 특수한 경우가 있다. 일부 젊은이들이 단지 재미나 자극을 느끼고 싶어서 가로등을 깨거나 공공시설물을 부수거나 남의 차를 긁거나 시비를 걸고 싸우기도 한다. 또 누군가는 불만스런 삶에 진저리를 치면서도 이를 어떻게 개선해야 할지 모르고, 남들이 잘사는 모습에 눈꼴이 시어 어떻게든 해코지할 방법을 찾거나 조롱하고 악담하고 말썽을 일으킨다. 심한 경우에는 남을 음해하기도 한다. 이런 태도는 당연히 이기가 아니며 꽤 변질된 이기심이다.

마음이 편안한 대로 하라

진정한 도덕은 결코 완전히 이타적인 것을 의미하지 않는다.

물론 도덕이 개인의 이익을 희생해 집단의 이익을 완성하는 형식으로 드러날 때가 많고, 심지어 '개인'의 생명을 버려야 하는 경우도 있다. 이런 도덕이 티끌만 한 이기심도 없이 온전히 남을 위한 것이라는 의미에서 완전한 이타적 행동임에는 틀림없다.

그러나 이런 비장한 사건을 접할 때 다음과 같은 의문을 제기할 수도 있다. "생명은 누구나 하나일 만큼 귀중하다. 그런데 왜 이토록 귀하고 단 하나뿐인 생명을 기꺼이 버리면서까지 이타적으로 행동하는 것일까?" 우리는 살면서 '버려도 아깝지 않다', '잃는 게 있어야 얻는 것도 있다'라는 말을 자주 한다. 그렇다면 기꺼이 자신의 소중한 생명을 버리면서까지 이타심을 수호한 자가 얻는 것은 과연 무엇일까? 사람들이 도덕을 추앙한다고 전부 도덕을 삶의 신념으로 삼는 것은 아니다. 확고하게 도덕을 추종하다가 많은 것을 잃게 된 여러 사례를 직접 보고 들었기 때문이다. 우리가 도덕을 추구하여 얻는 것은 대체 무엇일까?

공자의 제자 중 재여宰予는 자字가 자아子我라 재아宰我라고도 불린다. 그는 공자의 문하에 개설되었다고 전해지는 네 가지 과목, 즉 공문사과孔門四科 중 언어 과목에서 1등을 차지했고, 공문십철孔門十哲 중 한 명으로도 유명하다.

재여는 생각이 틀에 박히지 않은 인물이었다. 학문을 좋아하고 생각이 깊으며 질문을 두려워하지 않아 공자의 제자들 가운데 유일하게 공자의 생각에 정면으로 이의를 제기했다.

어느 날 재여가 공자에게 부모가 돌아가셨을 때 삼년상을 치르는 제도가 불합리하다고 지적했다. 그는 "삼년상은 너무 깁니다. 군자가 3년 동안 예를 행하지 않으면 예는 반드시 무너질 것이고, 3년 동안 음악을 멀리한다면 음악은 반드시 무너질 것입니다"라고 하면서 일년상을 치러야 한다고 주장했다. 공자는 그의 말에 반박하는 대신 물었다. "너는 편안하더냐?" 재여가 "편안합니다"라고 대답하자 공자가 대답했다. "네가 편안하다면 그렇게 하여라."*

사실 도덕적인가 그렇지 않은가에 대한 답은 각자 혼자 있을 때 가

---

* 《논어》, 〈양화편〉

슴에 손을 얹고 스스로에게 물어보면 된다. 자기 마음에게 이렇게 하면 편안한지 물었을 때 편안하다면 그렇게 하라!

　이런 각도에서 볼 때 도덕은 이타적일 뿐만 아니라 이기적이기도 하다. 우리가 도덕적으로 행동하는 이유는 명예를 얻기 위함도, 유명해지기 위함도 아니다. 다만 그렇게 해야 스스로 부끄럽지 않고 마음이 편안하기 때문이다. 도덕적으로 행동하지 않는다고 해서 잃는 것은 없다. 다만 마음이 편치 않을 뿐이다.
　그러므로 사람들이 미덕을 추구하고 도덕적으로 행동하는 것은 단순히 '이타' 때문만은 아니다. 남을 이롭게 함으로써 스스로 부끄럽지 않고 마음이 편안하여 이성적으로 납득할 수 있기 때문이다. 이런 '이기'야말로 도덕의 최고 경지다.

　진정으로 덕을 갖춘 사람에게는 이 경지야말로 마음이 동경하는 최고의 영예일지 모른다. 일흔셋이 된 공자는 살날이 얼마 남지 않았음을 예감하고 인생을 반추하며, '큰 틀에서 보았을 때 모자람이 없었다'고 결론 내린 뒤 마음 편히 세상을 떠났다.
　세상과 작별할 때가 되었음을 직감하고 스스로 인생을 돌아보았을 때 부끄러움이 없기란 쉽지 않은 일이다. 이는 한 사람이 살면서 꼭 해야 할 고맙다는 말도, 미안하다는 말도 더는 남아 있지 않을뿐더러 밖으로는 남들에게, 안으로는 자기 자신에게 부끄럽지 않다는 의미이기 때문이다. 이 얼마나 자랑스럽고 근사한 삶인가!

도덕은 내 본성의 아이

우리는 도덕을 속세와 멀리 떨어진 것처럼 생각하고, 자기를 완전히 버린 채 오로지 이타적으로 사는 삶이야말로 도덕적이라고 여기는 경향이 있다. 그런데 이런 태도가 반드시 고상한 것만은 아니다. 때로는 자신을 돋보이게 하려고 억지로 꾸며 내는 경우도 있기 때문이다.

사람의 본성은 원래 복잡하고도 다층적이다. 본성에는 순자荀子가 성오설性惡說에서 언급한 탐욕과 이기심, 호색, 시기와 증오 같은 악의도 있고, 맹자孟子가 말한 선한 마음도 있다. 맹자는 성선설性善說 주장을 뒷받침하기 위해 다음과 같이 설명했다.

"사람이 사람으로 불리고 아직 본성이 있는 한, 그의 내면에는 반드시 측은지심(惻隱之心, 인의와 자비), 수오지심(羞惡之心, 정의), 사양지심(辭讓之心, 겸손), 시비지심(是非之心, 이성과 지혜)의 도덕의 씨앗이 존재한다."

이 도덕의 씨앗들이 바로 흔히 이야기하는 타고난 양심이다. 사람이 후천적으로 나쁜 짓을 저지르고 도덕을 저버렸다고 해서 이 씨앗들이 없어진 것이 아니라 아직 그의 선천적인 본성 속에 남아 있다.

다만 여러 후천적인 요소들이 씨앗의 존재를 가리고 성장을 가로막을 뿐이다. 아무리 대죄를 저지른 악인이라 해도 양심의 싹이 꿈틀대고 겉으로 드러나는 순간이 있음을 우리는 종종 목격한다.

그러므로 도덕을 본성의 굴레로 오해해서는 안 된다. 도덕은 본성을 짓누르는 것이 아니라 정반대로 본래 마음속에 내재해 있다. 도덕은 인간 본성 중에서 가장 오래되고 가장 원시적인 선한 마음이다. 우리는 아이들을 보면서 동정심이 충만하고 선한 마음씨를 타고났다고 자주 느낀다. 이런 양심이야말로 때 묻지 않고 닳지 않은 인성의 본모습이다.

이처럼 도덕은 본래 마음의 일부인데 어떻게 본성을 짓누를 수 있겠는가? 도덕은 본래 마음에게서 난 '본성의 아이'라고 할 수 있다. 도덕은 인성을 아끼고 보호한다. 따라서 인성을 잘 이끈다면 지나치게 오만방자하여 악영향이 자신에게 부메랑처럼 돌아오는 것을 피할 수 있다.

진정한 도덕은 천성에서 비롯되어 마음의 편안함으로 돌아간다. 그것은 본능과 유사하다. 이것저것 재고 따진 후에 선행을 하는 것이 아니라 그렇게 하지 않으면 마음이 편치 않기에 몸소 실천하는 것이다.

그러므로 누군가를 도덕적으로 교화할 때는 이익을 빌미로 유인하거나 권위를 이용해 압박해서는 안 된다. 그렇게 하면 겉으로는 따르되 마음으로는 거스르고 표리부동한 위선자만 배출할 뿐이다. 스스로 도덕 수양을 할 때도 마찬가지다. 자신을 압박하는 방식은 자기 자신에 대한 폭력이자 탄압이며, 결과적으로 더 깊은 자아분열의 수렁에 빠질 뿐이다.

선을 행하도록 타인을 압박하는 것은 일종의 도덕적 납치이지 도덕이 아니다. 선을 행하도록 자신을 압박하는 것 역시 자신에 대한 도덕적 납치이지 도덕이 아니다.

압력에 의한 선행은 어쩔 수 없는 복종일 뿐 진심에서 우러나온 것이 아니기 때문이다. 바꿔 말해 이런 도덕은 타인 또는 자신에 대한 부도덕을 바탕으로 한 것이고, 이런 선 역시 타인에 대한 압박 혹은 자신에 대한 독재에서 비롯된 것이다. 도덕이 어떻게 부도덕의 바탕 위에 세워질 수 있겠는가? 그것은 자가당착이 아닐까?

자고로 진정한 도덕은 남을 이롭게 하는 가운데서 정신적으로 나를 이롭게 하는 것이자 '남을 세우는立人' 가운데서 진정한 '자립自立'을 완성하는 것이다. 즉 이기와 이타의 조화이자 통일이다.

타인이 처한 곤경에 대해 역지사지할 수 있다면 이타적인 행위는 아주 자연스럽게 나올 것이다. 타인이 위기에서 벗어나 무사하고 목숨을 구하고 다시 학교로 돌아가고 의식주를 해결하는 등의 문제들을 자기 일처럼 생각한다면, 그들의 행복은 우리에게도 커다란 행복을 가져다줄 것이다. 우리가 선택한 이타가 곧 이기이기 때문이다.

　프랑스의 실존주의 철학자 사르트르는 "타인은 나다. 타인은 또 하나의 나이자 내가 아닌 나다. 타인은 내가 아닌 나, 그 사람이다"라는 명언을 남겼다. 대부분의 경우 타인과 나는 완전히 분리되지 않는다. '그'는 과거의 나일 수도 있고, 나 역시 과거의, 지금의 또는 미래의 '그'다.

　남의 일을 내 일처럼 여기는 것 혹은 측은지심은 '그'와 '나'를 이어 주고, 이타와 이기를 이어 준다. 이것이 바로 도덕이 가진 온유함의 근원이다.

나를 다스리는 순간
자유가 시작된다

마음은 오직 나만의 것

진정한 도덕은 이타를 실현하는 동시에 이기를 최고 경지, 즉 스스로 부끄럽지 않고 마음이 편안한 상태로 끌어올린다. 인정에 부합해야 마음이 편안할 수 있고, 이치에 부합해야 이성적으로 납득할 수 있다. 인정과 이치에 부합하는 것이야말로 진정한 도덕이며, 그럴 때 자연스럽게 마음에 한 점 부끄러움이 없는 상태가 될 수 있다.

마음은 대단히 중요하다. 마음은 우리 내면세계의 천국이자 온전히 나만의 것이다. 오직 나만이 내면의 천국으로 향하는 은밀한 길을 찾을 수 있고, 마음 또한 오직 나에게만 역경 속에서도 숨을 돌릴 수 있는 안식처를 제공한다. 탄생부터 죽음에 이르기까지 언제나 우리 곁을 지키는 것은 자신의 마음뿐이다.

현실 속의 그 어떤 것도 늘 우리와 함께하지 않는다. 부와 권력은 있다가도 없고 없다가도 있으며, 길흉화복은 언제 우리를 찾아올지 예측할 수 없고, 우리 몸조차 태어나는 그 순간부터 점점 늙어간다. 이 사실이 못마땅하고 불안하지만 운명으로 여기고 받아들이는 것 외에는 달리 방도가 없다.

어쩔 수 없음을 인정한 후에야 생각을 시작할 수 있다. 무력함 속에서도 우리는 영원한 것을 찾고자 하는 갈망을 멈추지 않았다. 그래서 가족의 정이나 우정, 사랑으로 마음의 눈을 돌리는 것이다. 마음 깊은 곳의 유대감은 변화무쌍한 삶에 크나큰 위안을 선사한다. 그런 유대감을 느낄 때 의지할 데 없이 홀로 외로이 떠돌며 돌아갈 곳 없는 존재가 아닌 것처럼 보인다.

그러나 아무리 부모형제에 둘러싸이고 친구가 많고 배우자와 자녀가 함께 있다 해도, 이따금 어두운 밤 어슴푸레한 탁상등 아래 홀로 앉아 있을 때 세상에서 혼자 멀리 떨어져 있는 기분에 휩싸이곤 한다. 그때 마음은 우리가 마지막으로 머물 곳, 세속적인 생활에 맞설 수 있는 힘을 가진 '세상 너머의 세상'이 되어 준다.

앞서 말한 것처럼 도덕은 우리의 마음을 부끄럽지 않게 해 준다. 이것이 바로 마음속 '세상 너머의 세상'을 만드는 자양분이다. 부끄러움이 없어야 마음에 거리낌이 없으며, 마음에 거리낌이 없는 상태가 곧 정신의 진정한 자유이기 때문이다.

그러므로 도덕에 대해 많은 사람들이 알고 있는 바와 정반대로 진정한 도덕은 개인의 자유를 착취하는 것이 아니라 정신적 자유를 완성시킨다. 도덕에서 멀어지면 마음은 자유를 잃는다.

정신적 자유로의 길

도덕이 정신적 자유를 완성시킨다는 주장에 대해 혹자는 마르크스가 도덕을 '인류의 정신적인 자기 통제'라고 정의한 사실을 내세워 반박할지 모른다. 독일의 이 위대한 철학자는 도덕이 곧 자기 통제라고 말했다. 자기 통제라고? 우리가 평소 경험한 바에 따르면, 통제라는 말이 주는 가장 직접적이고 두드러지는 느낌은 '부자유'가 아니던가! 자기 통제가 어떻게 자유를 완성시킨다는 거지? 도덕이 자기 통제를 의미한다면 어떻게 자유로 안내할 수 있다는 거지?

이런 의문도 일리가 없는 것은 아니다. 서양철학의 반대편에 서 있는 동양문화에도 마르크스의 말과 비슷한 주장이 있다. '군자는 해야 할 일과 하지 말아야 할 일이 있다君子有所爲有所不爲'는 유가의 가르침을 생각해 보자.

군자는 바로 덕을 갖춘 사람이다. 유가에서 군자가 되기 위해 필요한 첫 번째 덕목이 바로 덕성, 즉 도덕이다. 군자가 되길 갈망한다면 반드시 도덕을 고수해야 하고, 해야 할 일과 하지 말아야 할 일을 지켜야 한다. 그런데 '하지 말아야 하는' 또는 '해선 안 되는'이라는 말은 곧 '허용되지 않는'이라는 뜻이 아닌가? 이것도 하면 안 되고 저것도 해서는 안 되는데 어떻게 자유로울 수 있다는 말일까?

유가에서 말하는 해야 할 일과 하지 말아야 할 일은 타인의 요구나 사회의 규범이 아니라 군자의 자기 통제다. 이런 관점을 가지고 다시 앞의 문제로 돌아가 보자. 도덕이 곧 자기 통제를 의미한다면 어떻게 자유에 이를 수 있단 말인가? 사실 이 문제에 답하려면 먼저 다른 질문의 답을 구해야 한다. 덕을 갖춘 사람은 왜 자기 통제를 지켜야 하는가?

군자란 엄밀히 말하면 인정과 의리가 있는 사람이고, 인정과 의리에 맞는 일만 하는 사람이다. 그렇다면 군자가 '하지 말아야 할 일'을 하지 않는 이유는 무엇일까? '하지 말아야 할 일'은 인정과 의리에 맞지 않고, 그런 일을 한다면 인정과 의리가 없는 사람이 되기 때문이다. 또한 그런 일을 하면 마음에 부끄러움이 자라나고 마음이 편치 않기 때문이다.

'해도 되는 일'을 하고 '하면 안 되는 일'은 죽어도 하지 않는 것, 정리에 맞는 일 또는 인정과 의리에 부합하는 일만 하는 것이 바로 군자, 덕을 갖춘 사람의 '정신적 자기 통제'다. 그는 그렇게 해야만 오래도록 마음의 평안을 유지할 수 있다. 그러므로 도덕에는 자기 통제가 필요하다. 이런 자기 통제는 사람의 마음을 편안하게 하고 정신적인 자유를 주며 스스로에게 자부심을 갖게 한다.

이런 자유는 평소 우리가 생각하는 자유와 엄청난 차이가 있다. 우리가 상상하는 자유란 절대적으로 아무 속박이 없는 상태 또는 모든 것이 완벽하게 갖춰진 풍요로움 또는 하고 싶은 것을 마음대로 하는 방종과 아무 거리낌 없는 언행에 더 가깝다. 우리는 이것이야말로 진정한 자유라고 생각한다.

하지만 실제로는 그렇지 않다. '하고 싶은 것을 마음대로 하는 것'은 곧 우리의 욕망이 시키는 일을 하는 것이다. 바꿔 말해 '하고 싶은 것을 마음대로 하는 것'은 이미 욕망에 휘둘리고 탐욕이 시키는 대로 한다는 의미다. 우리가 자신의 욕망을 주관하거나 지배하는 것이 아니라 반대로 욕망이 우리를 주관하고 지배하며 우리를 끌고 가는 것이다.

내가 다른 사람의 노예가 될 때만 자유를 잃는 것이 아니다. 자기 욕망의 노예가 될 때에도 자유를 잃는다. 이 둘은 전혀 다른 이야기 같지만 분명한 공통점을 가지고 있다. 그것은 바로 우리가 자신의 주인이 아니라는 점이다. 상대가 다른 사람이든 자기 욕망이든 상대의 명령에 따를 수밖에 없다. 하고 싶은 일을 마음대로 하는 것은 자유가 아니라 욕망의 노예가 된다는 의미일 뿐이다.

방종보다 자기 통제가 자유에 더 가깝다

대부분의 경우 '방종보다는 자기 통제가 자유에 더 가깝다.'* 이 애매모호한 말을 설명하기 위해 나는 극단적인 상황을 설정해 보았다. 우리가 궁핍한 삶에 찌들어 있을 때 두 가지 선택지가 주어졌다고 가정해 보자. 하나는 계속해서 굶주림에 시달리는 것이고, 다른 하나는 타인이 제공하는 호화로운 생활을 받아들이는 것이다. 대신 그는 우리에게 자신을 위해 무고한 사람을 모함하여 그를 감옥에 보내고 가정을 풍비박산 낼 것을 조건으로 내걸었다.

당신이라면 어느 쪽을 선택하겠는가? 두 가지 중 선뜻 하나를 선택하기 어렵겠지만 그래도 나는 전자를 선택하는 쪽이 많으리라고 믿는다. 설령 그 선택으로 인해 부귀영화를 누릴 기회를 놓친다고 해도 말이다.

---

* 요한 페터 에커만, 《괴테와의 대화》

우리는 왜 이런 선택을 할까? 전자를 선택한다는 것은 곧 자신의 욕망을 절제하는 것, 즉 자기 통제를 의미한다. 우리가 이런 선택을 하는 이유는 굶주림과 추위에 시달리는 육체적인 고통보다도 자기 양심이 비열해지는 것을 더 용납할 수 없기 때문이다. 우리는 가난이 주는 부자유보다 밥이 넘어가지 않고 잠도 편히 잘 수 없는 양심의 불안과 죄책감이 주는 부자유를 더 크게 느낀다.

사람이 아무 속박도 없는 상태에 이를 수 없듯, '절대 자유'에 도달할 수 없다는 것을 모두 잘 알고 있다. 인간은 불로장생과 같은 자유를 영원히 가질 수 없다. 평범한 인간인 우리는 반드시 늙고 병들고 죽는다. 그리고 이처럼 우리를 부자유하게 만드는 자연의 법칙에 복종해야만 한다.

이와 동시에 우리는 살면서 겪는 각종 제약에 순응해야 한다. 노력해도 가질 수 없고, 가진다 해도 다시 잃어야 하며, 한 번 잃으면 영원히 얻을 수 없는 것들, 이처럼 어찌할 수 없고 저항할 수 없는 제약을 우리는 운명이라고 부른다. 또한 법과 같이 우리가 사회의 일원으로서 받아들여야만 하는 제약도 있다. 우리가 원하든 원치 않든, 자유롭다고 느끼든 그렇지 않든 사실 우리는 날마다 수많은 제약 속에서 살아간다. 우리는 단 한 번도 완전한 자유를 누린 적이 없고, 앞으로도 영원히 누릴 수 없을 것이다.

그래서 인생에는 '어디에나 족쇄가 있다.'* 자유란 모든 족쇄에서 벗어나 아무런 장애물 없이 가벼운 상태가 아니라 단지 족쇄를 찬 채 신나게 춤을 추는 것에 불과하다. 결론적으로 인간은 영원히 신이 될 수 없으며, 자신이 바라는 바를 진정으로 이룰 수 없다. 자유란 자신이 하고 싶은 바를 할 수 있는 것이 아니다. 자유는 자신이 하고 싶지 않은 바를 거부할 수 있다는 의미다.**

인생에서 족쇄를 피할 수 없다면 인간의 자유는 족쇄를 맞닥뜨렸을 때 어떤 선택을 하느냐에 따라 다른 모습으로 나타난다. 만일 마음의 가벼움을 선택했다면 충동적인 욕망에 족쇄를 채우는 쪽을 선택한 것이다. 만일 무절제한 향락 속에서 마음대로 즐기는 것을 선택했다면 자신의 이성에 족쇄를 채워야 한다. 전자는 이성적인 자기 통제 속에서 마음의 편안함이라는 내면의 자유를 선택한 것이고, 후자는 넘치는 방종 속에서 욕망의 자유, 즉 쾌감을 충족시키는 쪽을 선택한 것이다.

---

* 장 자크 루소. 《사회계약론》, "인간은 자유로운 존재로 태어나지만 어디에서나 족쇄에 묶여 있다."
** 이마누엘 칸트의 말에서 인용.

욕망이 나를 구속한다

진정으로 덕을 갖춘 사람이라고 영화나 드라마에서 보듯 돈을 하찮게 여기거나 높은 직위와 권력이 가지는 힘을 경시하지 않는다. 우리는 속물로 태어난 보통 사람들로 누구나 즐거움과 자유를 가져다주는 명예와 이익이 우리 앞에 찾아와 주길 간절히 바란다.

그러나 진정으로 덕을 갖춘 사람이 명예와 이익 대신 양심을 선택하고, 유혹 앞에서도 흔들림 없이 자기 통제를 유지하는 것은 결코 그가 부와 권력의 가치에 무지하거나 명예와 이익이 가지는 거대한 힘을 모르기 때문이 아니다. 그는 좋은 사람이 되면 얼마나 행복한지 이미 경험했기 때문에 더할 나위 없이 신선하고 즐거운 그 맛을 계속해서 자유롭게 맛보기 위해 기꺼이 약수弱水 삼천리를 버리고 담백한 물 한 모금을 선택한 것이다.

당연한 얘기지만 인간이라면 누구나 즐겁고 자유로운 삶을 추구한다. 다만 각자의 기준과 척도가 다를 뿐이다. 덕을 갖춘 사람, 인정과 의리가 있는 군자는 완벽하고 결점 없는 자신의 양심과 순수하고 때문지 않은 인격에 부합해야만 즐거움과 자유를 얻을 수 있다. 이런 이유 때문에 그들은 양심을 기준으로 해야 할 일과 하지 말아야 할 일의 경계를 정하고, 최선을 다해 그것을 지킨다. 물론 그들도 경계선 밖에 신기하고 화려한 것들로 가득한 매혹적인 세계가 존재함을 잘 알고 있다. 하지만 경계선 내부 세상에서 새처럼 자유롭게 날아다닐 수 있는 정신적 자유가 너무 좋기 때문에 절대 선 밖으로 발을 내밀지 않는다.

일반 사람들 눈에 그들의 기준과 척도는 너무 고집스럽고 보편적이지 않다. 그래서 그들의 고집을 이해하지 못하고, 때로는 그들이 너무 많은 것을 놓치거나 잃는다고 안타까워한다. 하지만 그들에게는 자기만의 원칙이 있으며, 말로 형용할 수 없는 즐거움과 마음에 사사로움이 없어 천지처럼 드넓은 내면의 호방함을 지니고 있다.

이쯤에서 도덕과 자유의 관계를 정리해 보자. 도덕은 본성을 옭아매는 올가미가 아니고, 양심도 인간의 자유를 착취하지 않는다. 반대로 인간은 자신의 끝없는 욕망의 굴레에 갇히고, 끝없는 욕심으로 인한 초조와 불안 속에서 자유를 잃는다.

누군가 자기 양심에 따라 해야 할 일과 하지 말아야 할 일을 구분하고 그것을 실천하는 정신적 통제력을 확립해 세상 사람들이 좇는 화려한 세계를 포기했다면, 그는 결코 자유를 포기한 것이 아니라 오히려 자신이 동경하는 자유를 선택하고 지킨 것이다. 그가 선택한 자기 통제는 도덕을 지키기 위한 희생이 아니라 내면의 청명함과 안온함에 도달하기 위해 꼭 거쳐야 할 길이다. 그의 즐거움은 남들 눈에 도덕적 본보기나 착한 사람으로 비치느냐에 있는 것이 아니라 어디든 그가 가는 곳이 그가 가기 전보다 아름다워지는 것, 즉 자아 완성의 과정에 있다.

도덕과 물질은
적이 아닌 친구

승부사와 구도자

오래전 나는 어느 학생에게서 큰 깨달음을 얻었다. 어려서부터 바둑을 좋아했던 그는 바둑에 '승부사'와 '구도자' 두 부류의 기사가 있다고 말했다. 승부사란 승리를 궁극적인 목적으로 하며, 오로지 승리를 위해 최선을 다한다. 2차 세계대전 중에 영국의 수상 처칠이 한 "오직 한 단어가 있다면 '승리'다. 어떤 어려움과 고난에 처했든, 얼마나 많은 피를 흘리고 희생하든 모든 역량과 용기를 모아 승리를 쟁취하라"*는 말이 떠오른다.

• 윈스턴 처칠, 1940년, 〈피, 땀, 눈물과 노고〉 연설.

반면 구도자는 바둑의 예술적 경지를 추구한다. 그들은 바둑이 지적인 체조이고, 바둑의 묘미는 자아의 경계가 끊임없이 성숙해지고 원만해져 최고의 경지를 향해 가는 데 있다고 여긴다. 여기서 말하는 최고의 경지란 최고의 돌의 효율, 가장 아름다운 형태미, 가장 맹렬한 공격과 가장 화려한 행마, 허를 찌르는 절묘한 수순 및 어떤 아쉬움도 남지 않는 대국 등을 가리킨다.

매 시합, 매 판마다 승부사와 구도자 모두 자신의 모든 것을 쏟아붓는다. 둘의 차이점이라면 승부사는 상대를 이기는 데서 희열을 느끼고, 구도자는 자기 자신을 이기는 데서 즐거움을 찾는다는 것이다. 승부사가 패배로 인해 괴로워하는 반면, 구도자는 실력이 향상되지 않거나 스스로를 뛰어넘지 못했을 때 괴로워한다. 승부사는 두 사람의 세계에서 살고, 상대를 정복하는 데에서 자신의 존재감과 성취감을 얻는다. 반면 구도자는 자기만의 세계를 구축하고 자신을 뛰어넘음으로써 존재감과 성취감을 실현한다.

사람 사이의 경쟁 관계에도 승부사와 구도자 두 부류가 존재한다. 승부사는 이기기 위해서라면 남을 비방하고 모함하고 배척하고 궁지로 몰아넣는 등 악랄한 방법까지 동원해 상대를 짓밟는다. 반면 구도자는 묵묵히 일하고 또 일한다. 끊임없이 일하는 과정에서 소중한 경험을 쌓고 쓰라린 교훈도 얻으면서 느리지만 착실하고 끊임없이 실력을 키운다. 승부사는 늘 승자가 되길 원하기 때문에 자신과 막상막하인 적수의 실력을 항상 예민하게 관찰하고, 자그만 변화에도 민감하게 반응한다. 반면 구도자는 자신의 잠재력을 계발하고 수준을 최대한 끌어올리는 데 온 신경을 쏟는다. 그들도 당연히 실패나 좌절, 패배로 인해 마음의 동요를 겪는다. 하지만 그들은 이를 내포된 이치로 깨닫기 위해 지불하는 대가로 여기고, 보다 높은 경지의 성공과 보다 훌륭한 인격으로 나아가기 위해 다시 신발 끈을 동여맨다.

이와 비슷한 상황은 승리를 거둔 후에도 나타난다. 똑같은 승자라도 승리를 대하는 자세에 따라 완전히 상반된 두 부류로 나뉜다. 첫 번째는 앞서 이야기한 승부사에 가깝다. 그들은 승자의 자리에 가능한 한 오래 머무르기 위해 패자를 섬멸하고 몰살하는 것까지 불사한다.

기원전 149년부터 기원전 146년까지 로마와 카르타고 사이에 제3차 포에니 전쟁이 일어났다. 로마의 도발로 발발한 이 전쟁에서 카르타고인은 필사적으로 저항했지만 3년간의 포위와 봉쇄를 견디지 못하고 결국 로마군에 무너졌다. 승리를 거둔 로마의 원로원은 카르타고를 완전히 폐허로 만들기로 결정했다. 로마인들은 카르타고 곳곳을 피로 물들였고, 집집마다 철저히 수색해서 모든 카르타고 주민을 찾아내 죽였다. 카르타고 항구는 파괴되었고, 나라는 역사 속으로 사라졌다.

승자의 두 번째 부류는 구도자의 경향을 띤다. 그들은 패자에게 살길을 열어 준다. 가장 대표적인 인물이 이슬람 세계의 영웅이자 이집트 아이유브 왕조의 1대 술탄인 살라딘이다. 그가 아랍인을 이끌고 십자군의 동방 원정에 맞서 저항할 때 보여 준 것은 놀랍게도 기사도 정신이었다. 적장인 영국의 '사자심왕' 리처드의 말이 전장에서 쓰러지자 동생을 시켜 리처드에게 말 두 필을 보냈고, 리처드가 병으로 앓아누웠을 때는 과일을 보내고 의사를 파견하기까지 했다. 살라딘이 이끄는 이슬람군이 끝내 예루살렘 왕국을 점령했을 때, 88년 전 십자군이 예루살렘을 함락한 후 대량학살을 저지른 것과 달리 예루살렘에서 누구도 죽이지 않고 집 한 칸도 불태우지 않았다. 심지어 살라딘은 모든 포로를 석방하겠다고 선포한 뒤 이교도들을 몸값 한 푼 받지 않은 채 집으로 돌려보냈다.

승리는 승부사에게, 영광은 구도자에게

삶은 경쟁으로 가득하지만 이기는 방법에도 여러 가지가 있다. 때로는 경쟁에서 졌어도 자신과의 싸움에서 이기는 경우도 있다. 백중지세의 싸움에서 이기는 것은 너무나 흥분되는 일이다. 그러나 더 중요한 것은 존경심과 우정을 얻고 적의 마음을 얻고 세상 사람의 감동을 얻는 내면의 승리에 있을지도 모른다.

살라딘은 전쟁에서 승리했을 뿐 아니라 적수를 비롯해 전 세계인의 존경을 받았다. 살라딘은 이슬람교와 아랍 세계의 위인으로 추앙받는 것은 물론 서양인에게도 기사도 정신의 본보기로 여겨진다. 이 낭만적인 영웅을 기리기 위해 프로이센 국왕은 다마스쿠스에 있는 살라딘 무덤에 대리석 관을 증정하기도 했다. 이렇듯 '승리'는 승부사의 몫일 수 있어도 '영광'은 어김없이 구도자의 몫이며, 오래도록 지속되는 승리와 사람들의 마음 깊은 곳까지 파고드는 영광은 필연적으로 구도자에게 돌아간다.

'불멸의 기성棋聖', '최고의 실력자'로 불린 바둑기사 우칭위안吳淸源은 "일류 기사 사이의 실력은 종이 한 장 차이에 불과하다. 승부는 정신 수양의 정도에 따라 갈린다"라고 말했다. 전설적인 영웅 나폴레옹도 틀림없이 이 관점에 동의할 것이다. 그렇지 않다면 "세상에는 오직 두 가지 힘만 존재한다. 검과 정신이다. 길게 보면 검이 언제나 정신에 패배한다"라는 말을 남기지 않았을 것이다.

인간 사이의 우열을 가르는 것은 결국 정신력과 인격적 수양 그리고 생각의 힘이다. 그리고 장구한 승리는 언제나 자기 수련과 자아 완성의 길에서 더 멀리, 더 높이 가기 위해 노력하는 구도자의 몫이다. 그들은 야심을 품지 않고 오로지 자신을 넘어서기 위해서 노력한다. 그러다 어느 순간 고개를 숙이면 발밑에 수많은 별들이 빛나고 있다.*

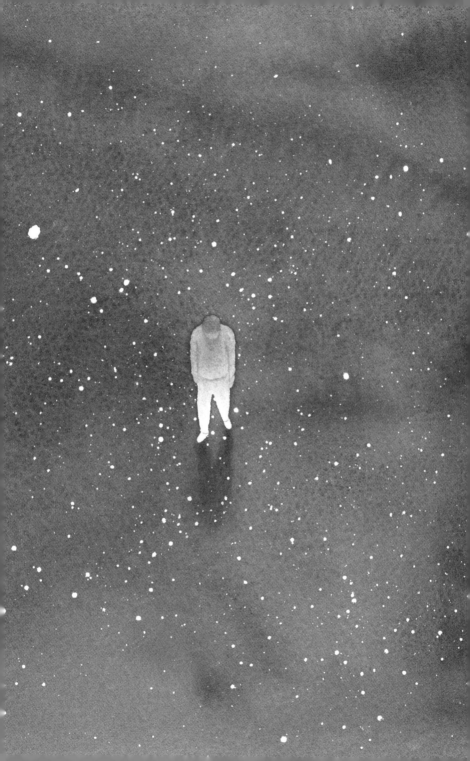

이런 이치는 재물과 도덕, 이익과 의로움 사이의 경쟁에도 적용된다. 부와 재물과의 대결에서 패배를 눈앞에 둔 도덕이 이 국면을 역전시켜 장구한 승리를 획득하고 내면의 영광을 재건하고 싶다면 구도자가 추구하는 공정 경쟁의 길을 따라야 한다. 바꿔 말해, 도덕은 승리를 위해 돈을 비방하거나 물질을 공격하거나 이익을 폄하함으로써 자신의 청렴함과 고상함을 부각시켜서는 안 된다. 그렇다면 도덕 역시 수단과 방법을 가리지 않는 승부사가 되어 악의적 경쟁이라는 부끄러운 길을 걷게 된다. 도덕이 공정함을 버리고 승부만을 추구하며, 태어나면서부터 가진 구도의 사명을 저버리고 선한 본질을 거스른다면 이를 과연 도덕이라고 부를 수 있을까?

물질은 잘못이 없다

근면한 노동의 대가로 물질을 누리고 정신적인 즐거움을 얻는 것보다 더 순수한 것은 없다. 반대로 청렴하고 고결한 척하는 것보다 더 천박한 것은 없다. 물질의 향유를 추악한 것으로 내몰고 열심히 돈을 버는 것을 천박하다고 욕하며 생계 도모를 하찮은 일로 깎아내림으

• 니체의 "자신을 뛰어넘어 더 멀리 달리고 더 높이 올라가라. 무수한 별들을 발아래 둘 때까지"에서 영감을 얻음

로써 부와 재물이 얼마나 속된 것인지 강조하고 그 반사 작용으로 도덕의 고상함을 부각시키려는 교화 현상이 실생활에 존재한다면, 이를 장려할 것이 아니라 오히려 경계해야 한다. 이런 식의 교화는 사실에 위배되고 사람들을 오도할 수 있기 때문이다.

부와 재물에 대해 코웃음을 치며 경멸하는 도덕적 교화자를 자세히 살펴보면 크게 세 부류로 나뉜다. 첫 번째는 먹고사는 데 아무런 지장이 없고 안정적인 생계 수단을 가진 이들이다. 이들은 부를 저속하기 짝이 없다고 힐난하면서도 한편으로는 그것이 가져다주는 각종 이점을 당연하다는 듯 누리며 산다. 두 번째는 처지가 첫 번째와 완전히 상반된 이들로 일확천금을 꿈꾸지만 그럴 만한 밑천도 없고 돈을 벌 마땅한 방법도 없다. 이런 이상과 현실의 괴리로 인해 마음에 원망이 쌓이고 쌓인 나머지, 갖고 싶지만 가질 수 없는 그림의 떡 재물에 대해 스스로를 기만한다. 마치 먹고 싶지만 먹을 수 없는 포도를 보며 '저 포도는 시고 맛이 없을 거야'라고 주문을 거는 여우와 같다.

세 번째 부류는 다들 명예와 이익을 추구할 때 재물은 거들떠볼 가치조차 없다고 공공연히 주장하고, 모두 취해 있는데 자신만 홀로 깨어 있다는 듯 냉철한 태도를 취하는 이들이다. 사실 이들은 재물을 하찮게 여기는 것이 아니라 대중의 환심을 사려고 눈속임을 하는 것뿐이다. 부를 좇지 않는다는 미명을 얻어 이에 혹한 사람들이 자신을 동경해 명예와 이익이 저절로 찾아오도록 판을 짠다. 이 세 부류는 유형만 다를 뿐 가식적이고 위선적이라는 점에서 모두 똑같다. 이들이 내세우는 도덕은 진정한 도덕과 완전히 무관하다.

도덕의 흥성이 물질에 대한 전면적인 부정을 전제로 한다거나 선을 추구하는 것이 반드시 부와 명예에 대한 경멸 위에서만 성립한다면 건강한 도덕 교육이 수립될 수 없고, 이렇게 길러 낸 도덕은 가식적이고 편협하며 열등할 수밖에 없다. 그 자체가 이미 진실함과 선함, 아름다움에서 멀어졌는데 어떻게 도덕의 진정성을 전할 수 있겠는가?

진정한 도덕은 사랑과 배려 위에 형성되어야지, 무시와 경멸을 바탕으로 해서는 안 된다고 생각한다. 진정한 도덕은 진실하고 공정해야 한다. 절대 자기를 기만하거나 남을 속여서는 안 된다.

사랑하는 사람을 사이에 두고 연적이 맞붙을 때, 수단과 방법을 가리지 않고 상대를 헐뜯는 쪽은 자신의 강점에 대해 자신이 없는 사람이다. 스스로 생각해도 자신의 수준이 높지 않고 자신의 매력에 회의적인 사람만이 평온하고 여유로운 태도를 유지하지 못하고 상대를 깎아내림으로써 자신을 돋보이려고 한다. 도덕과 물질의 관계 또한 마찬가지다.

진정한 도덕은 어떤 상황에서도 성인군자의 면모를 유지하고 상대를 모독하지 않는다. 그것은 걱정과 불안 때문에 안절부절못하거나 일부러 태연한 척하여 주의를 끌려는 것이 아니라 스스로 자신감이 넘치기 때문이다. 진정한 도덕은 자신이 '진선미'의 혈통을 이어받았으며, 진선미가 가진 힘과 빛이 자신에게도 있음을 잘 알고 있다. 또한 삶을 조화롭게 할 충분한 힘을 가졌고, 삶을 빛나게 할 수 있는 것은 자신뿐이라는 사실도 잘 알고 있다. 이런 도덕이야말로 '사람을 감동시키고 즐겁게 하고 편안하게 할 수 있는 힘을 삶에 불어넣어'* 인생을 예술과 지혜의 경지로 끌어올렸다. 이런 인생은 한 번 살아 볼 만한 근사하고 멋진 삶이다. 이미 그 자체로 이렇게 아름다운 것이 도덕인데, 자신을 돋보이게 하려고 상대를 깎아 내릴 필요가 있겠는가?

물질은 도덕을 넘을 수 없다

"카이사르의 것은 카이사르에게, 하느님의 것은 하느님에게." 물질과 도덕의 관계는 《성경》에 나오는 이 유명한 구절과 같다. 우선 이 둘은 서로를 대체할 수 없다는 점에서 진정한 대립 관계가 성립하지 않는다. 다른 한편으로 신이 자신을 응시한다는 사실에 카이사르가 보

---

* 중국 철학자 량수밍, 《인심과 인생人心與人生》

다 공정하고 인자해지는 것과 마찬가지로, 도덕이 물질을 관조하면 물질은 잘못된 길에서 나와 바른길을 걷고 오래도록 번영을 누릴 수 있다. 도덕의 그늘 아래서 물질은 잘 나갈 때에 경외심을 잃지 않고, 못 나갈 때도 스스로 부끄럽지 않은지 자기 마음을 들여다본다.

도덕은 결코 물질을 대신할 수 없다. 물질처럼 우리에게 먹고 자고 입을 것, 부와 지위를 줄 수 없다. 반대로 물질 역시 도덕을 대체할 수 없다. 오직 도덕만이 영혼의 깊은 곳에서 낮은 목소리로 우리의 영혼을 달래는 노래를 불러 주고, 인생의 질곡에서 우리의 영혼이 나약해질 때 따뜻하면서도 부드러운 빛을 비춰 줄 수 있다. 오직 도덕만이 살면서 어떤 처지에 놓이든 평정심과 평온함을 찾을 수 있도록 우리의 정신세계를 고요하고 드넓게 만들어 준다.

도덕과 물질을 비교할 때, 도덕이 가진 우위는 물질을 적수로 인식해 상대를 꺾으려고 몰두하는 데 있지 않다. 오히려 정반대로 도덕의 매력적인 점은 강력한 물질적 힘을 존중하면서도 동시에 스스로 강력한 정신적 힘을 끓어오르게 할 수 있다는 사실을 잘 알고 또 자신한다는 데에 있다.

물질은 도덕을 넘을 수 없다. 도덕은 사람 마음에 직접적으로 작용하고, 물질을 뛰어넘는 높이와 깊이, 너비와 영원성을 가지고 있기 때문이다. 일정한 범위 안에서 물질은 '품격 높은 물질생활'을 표방하며 확실히 무소불능의 힘을 과시한다. 그러나 물질이 닿지 못하는 정신적 영역은 도덕의 독무대다. 물질이 아무리 풍족해도 결코 누릴 수 없는 사치, 즉 '마음의 행복감'은 도덕이 가져다주는 편안함과 만족감으로 더욱 풍요로워진다. 오직 도덕만이 물질이 넘볼 수 없는 '영혼의 탁월함'을 창조할 수 있다.[*]

이 세상에서 가치 있는 두 가지

우리는 선을 사랑하고 도덕을 추구한다. 그렇다고 물질의 가치를 폄하하거나 물질적 풍요를 추구한다고 사람을 비난하지 않는다. 우리는 물질의 중요성, 물질이 가진 거대한 힘을 부정할 수 없다. 사람들이 돈과 명예를 추구하는 것도 어찌 보면 당연한 일이다. 그러나 간과할 수 없는 진실 하나를 널리 알려야 한다. 그것은 바로 재물의 가치나 물질이 가진 힘은 태생적으로 제한적이라는 사실이다.

물질은 유용하지만 만능은 아니다. 물질이 중요하지만 유일하게 중요한 것도, 가장 중요한 것도 아니다. 언젠가 친구와 돈을 버는 것에

---

[*] 전 하버드대학교 학과장 해리 루이스, 《영혼 없는 탁월성 *Execellence Without a soul*》

대해 이야기를 나눈 적이 있다. 친구가 말했다. "우린 열심히 돈을 벌어야 해. 돈은 중요하니까. 그런데 돈을 버는 것은 결국 그것이 더 이상 중요해지지 않을 언젠가를 위해서야." 아인슈타인도 비슷한 생각을 가지고 있었다. "나는 물리학을 사랑한다. 물질의 힘을 잘 알기 때문이다. 하지만 물리학을 깊이 연구할수록 물질에는 한계가 있고, 요지부동인 것은 정신임을 깨달았다." 그리고 정신이 어떻게 도덕의 인도 없이 역량을 키울 수 있겠는가?

사유와 직관, 이성과 감성, 엄격한 공정함과 관대한 자비와 같이 서로 모순되지만 아름다운 개념의 조합과 맞닥뜨릴 때, 우리는 그 둘 사이에 존재하는 '적당한' 중도를 찾기 위해 노력한다. 이와 마찬가지로 물질과 도덕 사이, 이익과 양심 사이, 타인과 나 사이에서도 적절하고도 유동적인 균형을 취할 필요가 있다.

"세상에 가치 있는 일은 두 가지뿐이다. 기쁨을 느끼는 것 그리고 남을 기쁘게 하는 것." 시인 보들레르가 한 이 말은 한때 나의 가슴을 뛰게 했고, 나는 이 말에서 범위를 확장해 다양하게 변주해 보았다.

'세상에 가치 있는 일은 두 가지뿐이다. live and let live(사는 것 그리고 남을 살게 하는 것)', '세상에 가치 있는 일은 두 가지뿐이다. 잘 살아가는 것 그리고 남을 잘 살아가게 하는 것', '세상에 가치 있는 일은 두 가지뿐이다. 행복하게 사는 것 그리고 남이 행복하게 살도록 돕는 것' 등등. 이렇게 해서 우리는 남과 나, 도덕과 이익 사이에 숨겨진 균형점을 찾은 것 같다. 자신을 위해 생각할 것, 그러나 자신만을 위하는 것이 아니라 다른 사람을 위해서도 생각할 것.

이런 관점에서 도덕에 대한 오해를 명징하게 풀어 보자. 도덕은 나만 생각하는 것을 금지하지 않는다. 또한 100퍼센트 남을 생각하라고 요구하지도 않는다. 도덕은 우리가 자신을 생각하면서도 10~20퍼센트 정도는 남을 위해 생각할 여지를 갖기를 바란다. 이 얼마나 단순하면서도 명쾌한 논리인가?

어느 기독교 목사가 이런 고백의 글을 쓴 적이 있다. "그들이 유대인을 잡으려고 할 때 나는 유대인이 아니기 때문에 아무 말도 하지 않았다. 그들이 공산당을 잡으려고 할 때 나는 공산당이 아니기 때문에 아무 말도 하지 않았다……. 그들이 나를 잡으려고 할 때 나를 위해 말해 줄 사람이 아무도 남지 않았다."* "우리는 마땅히 자신을 생각해야 한다. 우리가 자신을 생각하지 않는데 누가 우리를 생각해 주겠는가?

---

* 목사 마르틴 니묄러, 〈그들이 처음 왔을 때〉, 미국 보스턴 유태인 학살기념비 비문

그러나 우리가 자기만을 생각한다면 인간이라고 할 수 있을까?"

이처럼 도덕은 결코 우리에게 사심과 잡념이 없고, 속세와 인연을 끊은 '성인'이 되라고 요구하지 않는다. 다만 조금이나마 타인의 마음을 헤아릴 줄 아는 사랑스러운 '보통 사람'이 되길 기대한다.

명문 대학에 들어간 젊은이들의 얼굴에서는 자신도 주체할 수 없는 자부심과 행복이 흘러넘친다. 그들은 스스로를 행운아라고 생각한다. 그 이유는 또래 친구들과 비교할 때 명문대가 자신을 명예와 이익에 더 가깝게 해 주고, 앞으로 찬란하게 빛날 명품 이력서, 명품 직장, 명품 생활을 의미한다고 믿기 때문이다.

그들이 소위 명문대에서 보다 진정한 행운을 얻을 수 있길 진심으로 바란다. 그 행운이 그들을 행복하게 살도록 해 주는 동시에 남이 행복할 수 있도록 돕는 것이자 스스로 평생 편안하고 또 남을 평생 즐겁게 해 주는 것이기 때문이다.

큰 사랑으로 실천하는 사소함

사람의 정신적 생명력은 그의 내면에 있는 사랑의 활력에 따라 달라진다. 내면의 사랑이 진실할수록 더욱 강인하고 질긴 정신적 생명력을 가지며, 내면의 사랑이 광활할수록 정신적 생명력이 뛰어넘을 수 있는 시간과 공간도 더욱 확장된다. 이 세상 모든 사람을 사랑하는 사람은 그에 걸맞게 영원히 사라지지 않는 정신적 생명력을 갖는다.

선을 행하는 것은
다른 사람을 위한 것이 아니라
궁극적으로 자신의 양심을 위한 것이다.

남을
잘나가게 해라

"궁할 때는 홀로 자기 몸을 닦는 데 힘쓰고, 뜻대로 잘 풀릴 때는 천하를 구한다窮則獨善其身, 達則兼濟天下." 예로부터 지금까지 동양에서 전통적으로 높이 평가하는 개인 수양의 자세다. 이 중 '독선기신獨善其身'은 요즘에는 '자기 한 몸의 처신만을 꾀한다'는 부정적인 말로 쓰여, 원래 내포돼 있던 칭송의 의미에서 멀어졌을 뿐 아니라 상당한 비난의 의미까지 담고 있다.

나 홀로 실천하는 선

'홀로 선을 행하는 것'은 결코 선하지 않은 것이 아니며, 악은 더더욱 아니다. 이는 한 사람의 타협하지 않는 도덕 원칙이자 절대 물러설 수 없는 양심의 마지노선이므로 역시 선이다. 다시 말해, 홀로 선을 행하는 것은 선량한 사람이 가장 어둡고 침울한 상황에서도 자기 양심을 지키고 고수하는 자세다.

'궁즉독선기신窮則獨善其身'에서 '궁窮'은 '궁지에 몰리다, 곤궁하다'라는 뜻으로, 처지가 궁핍하거나 삶이 뜻대로 되지 않거나 오랫동안 꿈을 이루지 못한 상태를 이른다. 따라서 '궁즉독선기신'은 아무리 인생 최악의 나락으로 떨어지고, 가장 힘들고 고통스러운 상황에 처해도 자기 자신을 바로 세워야 한다는 의미다. 자신이 피해를 입었다고 해서 그대로 되갚아 주거나 처지가 곤두박질쳤다고 해서 인격까지 저열해진다거나 생계의 압박 때문에 양심을 저버려서는 안 된다.

최악의 상황에 처해 제 몸 하나 돌볼 겨를이 없다면 당연히 남을 도울 여력도 없다. 하지만 그런 경우에도 최소한 스스로에게 부끄럽지 않게 살아야 한다. 비록 세상을 구함으로써 얻는 즐거움을 누리지 못할지라도, 제 한 몸의 선을 꾀함으로써 적어도 마음의 편안함은 누릴 수 있다.

궁할 때 홀로 자기 몸을 닦는 데 힘쓰는 것은 어떤 처지에 놓이든 시종일관 자기 인격을 해치지 않고 지킨다는 의미다. 남들이 비열하게 자신의 인격을 무너뜨리려 해도 고결한 태도를 유지하고 남을 해치려는 마음을 품지 않으며, 비열하고 천박한 무리에 동조해야 생활이 편해지는데도 꿋꿋하고 고집스럽게 청렴결백한 영혼을 보전하는 것이다.

물론 홀로 힘쓰는 것이 세상을 구제하는 것만큼 널리 사람을 이롭게 하지는 못한다. 그러나 본질적으로 따지면 시종일관 남을 해치지 않는 자세가 장기적으로 봤을 때 세상을 구하는 일과 같지 않을까? 어떤 상황에서도, 특히 한 걸음도 내딛기 어려운 역경 속에서 타인과 사회, 국가와 민족 더 나아가 인류에게 피해를 주지 않는다면 그 자체로 이미 훌륭한 '공익'이 아닐까?

도움의 손길을 뻗쳐 남을 구제하는 것은 분명 아름답고 큰 사랑이다. 하지만 어지럽고 암담한 세상 속에서도 오랫동안 초연함을 잃지 않고, 속 좁은 사람도 포용할 수 있는 넓은 마음을 지녔다면 그것 또한 자비심이 아닐까?

세상을 구제할 수 있는 진정한 이웃 사랑의 정신은 홀로 자기 몸을 닦는 청정함과 순수함을 전제로 할 때 비로소 갖출 수 있다. 1979년 노벨평화상 수상자인 마더 테레사의 말이 기억난다. 세계평화를 앞당기기 위해 우리가 무엇을 해야 하느냐는 기자의 질문에 그녀는 이렇게 대답했다. "집으로 돌아가서 당신 가정을 사랑하세요."

'독선기신'과 '겸제천하'

'세상을 구제하는 것'과 '홀로 선을 행하는 것'은 완벽하게 대립하는 두 개의 인격이 아니라 인간 내면의 '진선미'가 처한 상황에 따라 각기 다른 빛을 뿜어 내는 것일 뿐이다.

　품성이 고상한 사람은 '궁할 때 홀로 자기 몸을 닦는 데 힘쓰는' 품행과 '뜻대로 잘 풀릴 때 세상을 구하는' 품성을 동시에 갖추기 마련이다. 궁할 때 홀로 자기 몸을 닦을 줄 모르는 사람이 잘 나갈 때라고 해서 '세상을 구하는' 이웃사랑을 실천할 리 있겠는가. 반대로 풍족할 때 적극적으로 자선사업에 참여하고 타인 구제를 평생의 사명으로 여기던 사람이 빈털터리가 됐다고 생존을 위해 수단과 방법을 가리지 않고 인간으로서 해서는 안 될 짓을 저지를 리 있겠는가.

　'궁할 때는 홀로 자기 몸을 닦는 데 힘쓰고, 뜻대로 잘 풀릴 때는 천하를 구한다'는 말에는 다음과 같은 이치가 담겨 있다. 진정으로 선량한 사람은 가난하든 부유하든, 삶이 뜻대로 되든 그렇지 않든, 궁지에 몰렸든 일이 잘 풀리든 결코 악의를 품거나 남을 해치지 않는다. 또한 이런 선한 품성은 환경 변화나 남들의 태도에 따라 바뀌지 않고, 선에 대한 동경과 추구 및 '선에 대한 충성도'는 한결같아 영원히 변하지 않는다.

　'독선기신'과 '겸제천하兼濟天下'의 차이는 다음과 같다. 롤러코스터처럼 요동치는 인생에서는 내면의 선함도 바다에 떠다니는 돛단배처럼 가라앉았다가 떠오르기를 반복한다. 가라앉을 때는 '독선기신'의 모습으로, 떠오를 때는 '겸제천하'의 모습으로 드러날 뿐이다.

'세상을 구했다'라고 칭송이 자자한 덕행도 실제로 이를 실천하는 사람 입장에서는 스스로 부끄럽지 않기 위해 '홀로 선을 행한' 보잘것 없는 행동일지 모른다. 무릇 생명이 있는 모든 것에 깊은 애정을 가진 위대한 영혼을 성인이라 칭송하고, 그의 모든 언행에서 성스러운 광채가 번쩍인다고 여기지만 정작 그들은 스스로를 심지가 그리 굳건하지 않고 평범하기 그지없는 사람이라고 생각할지 모른다. 그들이 사사로운 욕심 없이 대의를 위해 작은 나를 희생했다고 여기지만 사실 그들은 '작은 나'와 '큰 나'를 일치시킨 것이며, 사랑을 바탕으로 슬픔과 기쁨을 타인과 같이하는 삶을 실천한 것이다.

잘 나갈 때 천하를 구하는 것은 공익인 동시에 개인적인 선이다. 박애 정신을 품은 사람은 자신과 타인, 자신과 천하를 구분하지 않는다. 그는 세상 밖에 존재하지 않고, 천하 또한 늘 그의 마음속에 있기 때문이다. 그런 사람에게 '독선기신'과 '겸제천하'가 어떻게 다른 일일 수 있겠는가?

마더 테레사가 운영한 어린이집 벽에 쓰인 시 〈그럼에도 하라Do It Anyway〉는 '독선기신'과 '겸제천하'의 완벽한 합일을 보여 준다.

사람은 때로 이치에 맞지 않고 논리가 없으며 자기중심적이다.
그럼에도 그들을 용서하라.

당신이 친절을 베풀어도 사람들은 당신이 이기적이고 숨은 의도가 있다고 비난할 것이다.

그럼에도 친절을 베풀라.

당신이 어떤 일에 성공하면 몇 명의 가짜 친구와 몇 명의 진짜 적을 갖게 될 것이다.

그럼에도 성공하라.

당신이 정직하고 솔직하다 해도 사람들은 여전히 당신을 속일 것이다.

그럼에도 정직하고 솔직하라.

당신이 몇 년 걸려 세운 것을 누군가 하룻밤 사이에 무너뜨릴 수도 있다.

그럼에도 다시 일으켜 세워라.

당신이 마음의 평화와 행복을 발견하면 사람들은 당신을 질투할 것이다.

그럼에도 평화롭고 행복하라.

오늘 당신이 하는 좋은 일이 내일이면 잊힐 것이다.

그럼에도 좋은 일을 하라.

당신이 가진 최고의 것을 세상과 나눈다 해도 그것은 언제나 부족해 보일지 모른다.

그럼에도 당신이 가진 최고의 것을 세상에 주라.

보라, 엄밀히 말해 그것은 당신과 타인 사이의 일이 아니라 당신과 하느님 사이의 일이다.

보라, 엄밀히 말해 선을 행하는 것은 타인을 위한 것이 아니라 결국 자신의 양심을 위한 것이다.

인간의 근본

대만의 저명한 동양학자 난화이진南懷瑾은 "심신 수양은 인간됨의 근본이다"라고 말했다. 군자는 마땅히 근본에 힘쓰고 몸을 닦아야 한다. 수신을 달성한 사람은 설령 영달을 이루지 못하고 천하를 구하지 못하며 사람들에게 보탬이 되지 못한다 해도, 최소한 자기 마음을 바르게 수양하고 홀로 선을 행하고 남에게 해를 끼치지 않는다.

우리는 교양을 갖추고 사리에 통달하며 밝은 눈과 귀를 가지고 시대에 흐름에 따라 변화에 적절히 대응해 진정으로 '남을 세워達人' 주도록 노력해야 한다. 이로써 세상을 구제하고 사람들에게 기쁨을 주며, 남들의 기쁨과 행복에서 자신의 기쁨과 행복을 얻는 것이다. 그러나 삶은 변화무쌍하여 호시절도 금세 지나간다. 이로 인해 우리가 실의에 빠지거나 곤경에 처해 남들에게 기쁨과 행복을 줄 수 없을 때에도 최소한 남들에게 재난과 고통을 주지 않으려고 최선을 다해야 한다. 남을 세워줄 수 없다면 적어도 나의 이익을 위해 남을 해치는 일은 하지 않는 것이다.

심신 수양이 중요한 이유는 그것이 우리 내면에 정신적인 아름드리나무를 심어 주기 때문이다. 파릇파릇한 수관을 가진 아름드리나무는 한여름에 사람들에게 그늘을 드리워 주고, 엄동설한에는 강풍에 쓰러지지 않는다.

'겸제천하'를 실현할 때 우리의 정신은 고양되고 감정은 기쁨에 환호한다. '독선기신'은 춥고 외로운 일이라 '겸제천하'와 함께 놓고 논할 수 없지만 적어도 자기 자신에 대해 떳떳함과 뿌듯함을 가질 수 있다. 혼탁한 세상에서 홀로 맑음을 유지하는 '자기애'를 실천하려면 때로 세상과 맞서는 용기가 필요하다. 그 결과에 상관없이 이런 용기 자체가 이미 강력한 내면의 힘이며, 풍파를 겪는 인생에 보상을 가져다준다. 이 세상이 존경할 만한 가치가 없을 때, 적어도 자기 자신은 존경할 수 있으니까.

여기까지 쓰다 보니 독일의 철학자 야스퍼스가 떠오른다. 유대인인 그의 아내는 2차 대전 당시 나치의 탄압으로 인해 공포와 절망 속에서 하루하루를 보냈다. 야스퍼스도 아내가 유대인이라는 이유 때문에 교수 자리를 잃고 작품 출판이 전면 금지되는 등 당국으로부터 박해를 받았다. 가장 친한 친구였던 철학자 하이데거마저 그를 외면했다.

이로 인해 그의 아내가 독일에 대해 깊은 증오심을 드러낼 때, 야스퍼스는 오히려 이렇게 말했다. "독일을 미워하지 말고 사랑해야 해요. 내가 곧 독일이니까요." 아내는 남편의 장래를 위해 자기를 버리라고 요구했지만 야스퍼스는 아내와 세상 사이에 서는 것을 선택하고, 개인의 미약한 양심의 빛으로 끝이 보이지 않는 어둠에 맞서 싸웠다.

어떤 상황에서도 변함없는 마음가짐

세상을 구하는 사람도, 홀로 선을 행하는 사람도 모두 좋은 사람이다. 둘 다 선하기는 마찬가지지만 각기 다른 상황에 처했기 때문에 다른 삶처럼 보이는 것뿐이다. 마치 《서유기》에서 대자대비한 관음보살이 때로는 인정을 베푸는 소녀로, 때로는 길 잃은 사람에게 길을 안내하는 노인으로 변신하는 등 상황에 따라 다양한 모습으로 변하는 것과 같다.

이렇게 변화무쌍한 모습 속에서도 바뀌지 않는 것이 있다면 '진선미'를 모두 갖춘 그들의 양심이다. 그들은 악기 하나에 걸려 있는 서로 다른 현이다. '선善'이라는 현으로 연주할 때 어떤 현은 가볍고 가느다란 음색을, 어떤 현은 격앙된 음색을 내지만 그 소리들은 모두 아름답고 우아하다.

홀로 선을 행하는 사람과 세상을 구하는 사람 사이에는 근본적으로 선악의 구분이나 도덕성의 차이가 존재하지 않는다. 다만 이들의 처지가 서로 다르기 때문에 개인의 덕성이 영향을 미치는 범위에서 차이가 생길 뿐이다.

달리 말해, 고상한 사람 입장에서 궁지에 몰리는 것과 잘 나가는 것은 단지 처한 환경이 달라지는 것뿐이지, 내면에 의로운 뿌리를 두고 있다는 사실은 변하지 않는다. '궁지에 몰려도 의로움을 잃지 않는 것'과 '잘 나갈 때도 도에서 벗어나지 않는 것', 맹자가 말한 이 두 가지 삶의 태도는 모두 훌륭해 우열을 가릴 수 없다.

사실 '궁지에 몰려도 의로움을 잃지 않는 것'이 '잘 나갈 때도 도에서 벗어나지 않는 것'보다 훨씬 더 어렵다. 처지가 어려울 때 명예나 영달을 구하지 않고 홀로 선을 행하는 것이 부유하고 잘 나갈 때 선행을 즐기며 세상을 구하는 것보다 더 쉬운 일이 아니다. 이런 관점에서 봤을 때, 큰 사랑을 품은 자선가와 평생 근검절약하며 진심으로 사람들을 대하는 노동자가 똑같이 위대해 보인다.

우리가 스스로의 양심을 분별할 수 있고, 그 양심이 자신의 언행을 인정하고 존중할 수 있다면 아무리 어려운 상황에 처한다 해도 그것은 최악이 아니다. 가장 최악은 우리가 어둠에 정복되어 내면의 아름다운 신념을 저버린 채 마음으로부터 경멸하는 추악함을 다정하게 껴안을 때다. 그 추악함에 박수를 보내고 찬양하는 데에 그치지 않고, 그것과 한 몸이 되고 그것의 노예와 공범이 된다. 그리하여 자신을 멸시하고 혐오하며, 더 이상 자신을 사랑하거나 칭찬하거나 존경하지 않는다.

가난하거나 고달픈 처지에 놓였을 때, 우리가 할 수 있는 선택은 부유하거나 잘 나갈 때만큼 많지 않다. 그때 할 수 있는 것은 그저 상황이 더 악화되지 않도록 막는 것뿐이다. 어쩌면 우리의 최후 보루는 '독선기신'일지 모른다. 그래야 내면에 있는 일말의 안도감과 뿌듯함, 자존감만이라도 지킬 수 있다. 모든 것을 잃었을 때 홀로 선을 행하려는 노력조차 포기한다면 우리에게는 정말 아무것도 남지 않는다.

큰 사랑은
미혹되지 않는다

오래전 내가 아직 철학과 학부생일 때, 서양철학사 수업에서 소크라테스의 명언을 접했다. "덕arete이 곧 지식이다." 이 짧은 문장은 당시 내게 은은하면서도 강렬한 충격을 안겨 주었다. 나는 그 말 속에 분명 진리가 숨겨져 있다고 굳게 믿는다.

선의 추구는 곧 진리의 추구

소크라테스는 어째서 지식과 덕을 한데 묶은 것일까? 어떻게 이 둘 사이에 등호가 성립할 수 있을까? 인간 정신의 최고 경지는 보통 '진', '선', '미' 세 단어로 요약된다. 하나가 아니라 세 단어를 쓰는 것만 봐도 이것들은 분명 각기 다른 개념이다. 또한 지식은 진리의 추구를, 덕은 선의 추구를 가리키므로 진리의 추구와 선의 추구는 서로 다른 차원의 개념이자 아무 관계가 없는 것처럼 보인다. 그렇다면 '선의 추구가 곧 진리의 추구'라는 소크라테스의 말을 어떻게 이해해야 할까?

유교 경전인 《중용中庸》에도 그와 유사한 문장이 있다. "지知, 인仁, 용勇, 이 셋은 천하의 달덕達德이다." 즉, '지식과 어짊과 용기는 천하에 두루 통하는 미덕이다'라는 의미다. 좀 더 풀어서 설명하자면, 이 세 가지는 모든 미덕의 근본이며, 다른 많은 미덕이 이것들로부터 파생된 것이다. 이 세 가지는 '도덕'이라는 커다란 나무의 줄기이고, 다른 미덕들은 줄기에서 뻗어 나간 무성한 가지와 잎이다.

여기서 알 수 있듯, 동양에서도 지식과 미덕은 분리해서 생각할 수 없을 만큼 직접적인 관련이 있고, 지식은 다른 수많은 미덕으로 통하는 '근본적인 덕'이자 모든 것의 근원이 되는 '큰 덕'이다. 그러나 이 결론은 실생활에서 경험한 것들과 큰 차이가 있다.

우리는 현실에서 보고 들은 수많은 사실을 통해 도덕과 학문이 결코 정비례하지 않다는 것을 체험했다. 박학다식한 사람이라고 해서 선악을 명백하게 구분할 줄 아는 것이 아니고, 낫 놓고 기역자도 모르는 시골 노인이 대자대비한 보살의 마음씨를 지닌 경우도 많다. 이렇게 보면 해박한 지식과 고상한 인격은 근본적으로 완전히 별개다.

영혼이 지닌 진리에 대한 기억

나는 소크라테스의 제자인 플라톤에게서 이 결론을 뒷받침하는 근거를 얻었다. 고대 그리스의 철학자들에게 지식은 외부 세계의 물질에 대한 인식이 아니라 자기 영혼의 세계에 숨어 있는 진리에 대한 기억이었다.

그들이 볼 때 인간은 신체적, 물질적으로는 부모에게서 나지만 정신이나 영혼의 측면에서는 모두 진리의 자녀다. 각자의 신체 유전자에 부모의 유전인자가 숨겨져 있는 것처럼, 각자의 영혼 어딘가에 태어나면서부터 진리의 낙인이 새겨져 있는 것이다. 따라서 소크라테스가 말한 지식이란 얼마나 많은 글자를 아는지, 몇 개의 외국어를 구사하는지, 주식 시세나 문학을 아는지를 가리키는 것이 아니라 우리와 진리 사이의 혈연관계를 기억하는지, 진리와 우리의 양심 사이의 천부적인 관계를 이해하는지를 의미한다.

이런 관점에서 볼 때, 소크라테스가 말한 무지 역시 흔히 이야기하는 문맹이나 제대로 교육을 받은 적이 없는 사람을 가리키는 것이 아니라 영혼에 새겨진 진리와 멀리 떨어지고, 태어나면서부터 지녔던 양심을 저버린 사람을 가리킨다.

바꿔 말해, 고대 그리스의 사상적 전통에서 인류의 지식은 '생존의 지식'과 '생명의 지식' 두 가지로 나뉜다. 전자는 인간이 물질을 얻고 기본적인 생존을 유지하는 데 필요한 지식이고, 후자는 정신을 수호하고 생명을 건강하고 아름답게 만드는 데 필요한 지식이다.

생존의 지식이 생계를 도모할 기술과 일상생활을 영위할 세상 물정을 가르친다면, 생명의 지식은 사물의 이치를 깨달아 마음의 편안함과 자유를 얻도록 이끈다. 생존의 지식은 매우 유용하면서도 차가운 반면, 생명의 지식은 쓸모없어 보여도 아주 따뜻하다. 생존의 지식이 '영리함'이라면 생명의 지식은 '지혜'라고 할 수 있다.

후자의 지식이 바로 소크라테스가 강조한 덕이자 유교 경전에서 말하는 달덕의 하나인 '지知'다. 《맹자》 고자告子 상편에서 맹자는 이렇게 말했다.

그 정情과 같은 것은 선한 것이라 할 수 있으니, 이른바 선하다는 것이다. 불선을 하는 것과 같은 것은 마음의 죄가 아니다. 측은지심惻隱之心을 사람마다 다 가지고 있으며, 수오지심羞惡之心을 사람마다 다 가지고 있으며, 공경지심恭敬之心을 사람마다 다 가지고 있으며, 시비지심是非之心을 사람마다 다 가지고 있다. 측은지심은 인仁이요, 수오지심은 의義요, 공경지심은 예禮요, 시비지심은 지智다. 인의예지는 밖으로부터 나를 녹여서 들어오는 것이 아니라 본래 내가 본디 가지고 있는 것이지만 생각하지 못할 뿐이다. 그러므로 말하기를 "구하면 얻고 놓아두면 잃어버린다"고 하는 것이니, 혹 얻은 것과 잃어버린 것의 차이가 배가 되기도 하고 다섯 배가 되기도 하여 헤아릴 수 없게 되는 것은 그 마음을 다하지 못했기 때문이다. 《시경詩經》에 이르기를 "하늘이 뭇 백성을 낳으시니, 사물이 있으면 법칙이 있도다. 백성들이 본

마음을 가지고 있는지라, 이 아름다운 덕을 좋아한다"고 하였는데, 공자가 "이 시를 지은 자는 도를 아는도다"라고 했다. 그러므로 사물이 있으면 반드시 법칙이 있는 것이다. 백성들이 본마음을 가지고 있기 때문에 이 아름다운 덕을 좋아하는 것이다.

맹자의 말은 이런 의미다. "사람이 나면서부터 가진 성정으로 보자면 모두 선한다고 할 수 있다. 이것이 바로 내가 인간의 본성이 선하다고 말한 의미다. 선하지 않은 사람에 대해 그의 본래 자질이 나쁘다고 욕할 수 없다. 《시경》에 '하늘이 인간을 낳았고, 만물에는 법칙이 있다. 백성이 이 법칙을 꿰고 있으면 숭고하고 아름다운 품성을 가질 수 있다'라고 했다. 사람은 누구나 동정심과 수치심, 공경심과 옳고 그름을 가리는 마음을 가지고 있다. 동정심은 인이고 수치심은 의며 공경심은 예고 옳고 그름을 가리는 마음은 지혜다. 이 인의예지는 외부 요소로부터 얻은 것이 아니라 우리가 본래 가지고 있던 것으로, 평소에는 그것들에 주의를 기울이지 않아서 느끼지 못할 뿐이다. '구하면 얻을 수 있고 포기하면 잃는다'고 했다. 사람마다 배에서 다섯 배혹은 헤아릴 수 없을 만큼 차이가 나지만 사실 타고난 자질로만 보면 차이가 미약하다. 누군가는 이런 자질을 명확하게 인식하고 충분히 발휘하며, 또 누군가는 무지몽매하고 자포자기할 뿐이다."

맹자는 '인의예지', 이 네 가지 미덕이 원래 인간의 천성에 있다고 보았다. 덕이 있는 사람이 되고자 한다면 선천적으로 천성에 이식돼 있는 선을 찾고 추구하면 그만이다. 그러면 선한 본성들이 씨앗처럼 뿌리를 내리고 싹을 틔우고 꽃을 피우고 열매를 맺을 것이다. 맹자의 이런 주장은 플라톤이 말한 '지식은 영혼 속에 숨겨진 진리에 대한 인간의 기억'과 표현만 다를 뿐 의미는 같다.

염세는 자기 염증의 연장선

소크라테스와 플라톤, 공자와 맹자 이런 위대한 사상가들에게 진정한 지식은 오직 진리뿐이며, 선이라는 궁극적인 목표만을 지향한다.

진정한 지식은 뛰어난 법률가나 정치인, 금융가가 되도록 가르치지 않는다. 어떻게 해야 훌륭한 인품을 갖춘 사람, 사회의 양심, 선한 사람이 될 수 있는지 가르친다. 진정한 지식은 생계 수단이나 돈, 물질 같은 '생존의 지식'을 초월한다. 그것은 마음의 편안함과 정신적 즐거움을 얻을 수 있도록 이끄는 '생명의 지식'이다. 소크라테스와 플라톤, 공자와 맹자를 비롯해 모든 위대한 사람이 위대한 이유는 바로 그들이 우리보다 더 박학다식하고 견문이 넓고 과학적 지식이 풍부하고 생존력이 뛰어나기 때문이 아니라 우리보다 더 덕이 있고 아량이 넓으며, 생명의 참뜻을 깨달았기 때문이다.

그래서일까, 공자는 《논어論語》 자한子罕편에서 이렇게 말했다. "지혜로운 사람은 미혹되지 않고, 어진 사람은 근심하지 않으며, 용기 있는 사람은 두려워하지 않는다."

이는 곧 우리가 '생명의 지식'을 꿰뚫고 있으면 언제든지 옳고 그름, 좋고 나쁨, 선과 악을 분명하게 구분할 수 있고, 그에 따라 자연스럽게 진정 우리에게 선한 것, 장기적으로 우리에게 좋은 것, 언제나 우리에게 올바른 것을 추구하게 된다. 그런 사람에게 삶에서 결단을 내리기 어려운 선택이 몇이나 되고, 혼란스러운 일이 얼마나 되겠는가?

곰곰이 생각해 보면 살면서 시도 때도 없이 겪는 사소하고 성가신 일들이 우리를 귀찮게 한다. 하지만 그 원인과 경위를 명확히 파악하고 있으면 설령 그 문제들이 당장 해결되지 않는다 해도 궁극적으로는 우리를 혼란에 빠트릴 수 없다. 진정 우리를 곤혹스럽게 하는 것들은 정신세계 안에 있다. 그래서 종종 모든 일이 의미가 없고, 마음이 텅 비어 외롭다는 느낌을 받는다. 어딜 가든 누구와 함께 있든 무엇을 먹든 지루하고 무미건조하며, 어떤 것에도 감흥을 느끼지 못하고 점점 아무것도 사랑할 수 없는 사람으로 변해 간다.

사람은 혼란에 빠졌을 때 정신이 황량해지고 마음이 공허해진다. 이런 황량함과 공허가 사방을 휘감아 아무리 발버둥쳐도 발을 헛디디고, 그 속에 갇혀 빠져나올 수 없을 것 같은 기분이 든다. 우리를 성가시고 짜증나게 하는 잡다한 문제들에 비해 혼란이 우리의 감정에 미치는 파괴력은 어마어마하다.

전자가 우리를 감정적으로 흥분하게 만들고 울화통이 터지게 한다면, 후자는 어떤 것에도 시큰둥하고 아무 기력도 없는 사람으로 만든다. 남는 것은 삶에 대한 깊은 권태감과 차디찬 무관심뿐이다. 전자는 기쁨과 슬픔, 즐거움과 분노 같은 감정을 자극하지만 이는 적어도 우리에게 아직 활력과 기운이 남아 있다는 증거다. 반면 후자로 인해 우리는 생명의 기운이 서서히 빠져나가 결국 기운 한 가닥도 남지 않은 메마른 사람이 되고 만다.

이런 혼란이 한 번 우리를 휘감으면 돈이나 물질을 아무리 쏟아부어도 헤어 나올 수 없다. 거대한 혼란과 괴로움에 빠지면 돈이 아무리 많고 지위가 아무리 높고 아무리 화려한 삶을 누린다 해도, 생명의 기운과 내면의 충실함, 정신적 활기와 영혼의 평온함을 얻을 수 없다.

모든 염세는 자기혐오의 확산이고, 자기혐오는 염세의 근원이다. 스스로에 대해 흥미를 잃은 사람은 자연히 세상 모든 것에 대한 흥미를 잃어버린다.

사랑은 생명 그 자체보다 더 따뜻하다
마음을 가라앉히고 늘 우리의 흥미를 북돋우는 대상-평생 관계를 유지하고 싶은 사람들, 인생을 걸고 꼭 해 보고 싶은 일 등-에 대해 곰곰이 생각해 보면 한 가지 공통점이 있다. 지속적으로 열정을 불러일으키고 모든 것을 바치고 싶다는 열망을 자극하는 것들은 새롭고 활기 넘치는 창조성으로 가득하다는 점이다. 영원히 마르지 않는 샘이나 언제나 새로운 자연처럼 그것들은 끊임없이 변화하고 새로워진다. 이런 사람과 함께할 때 또는 이런 일에 몰두할 때, 우리는 싫증을 느끼지 않고 부지런히 노력한다.

마찬가지로 스스로에게 염증을 느끼지 않고 오랫동안 흥미를 유지하려면 어떻게 해야 할까? 두말할 것도 없이 내 안에 항상 시선을 끌고 새로우며 영원히 쇠하지 않는 좋은 것들을 가져야 한다.

이렇게 오래도록 빛과 열을 발산하는 것은 무엇이고, 일단 그것을 소유한다면 사라지거나 소진되지 않는 에너지로 바꾸어 영원히 누릴 수 있을지 궁금하다. 또 만족을 모르는 우리의 정신을 길들여 장구히 편안하게 해 줄 수 있는 것은 과연 무엇일까?

이는 '생존의 지식'의 힘으로 해결할 수 있는 문제가 아니다. 휘황찬란한 금붙이도 진심에서 우러나오는 미소의 눈부심을 이길 수 없듯, 생명에 관한 문제는 오로지 '생명의 지식'으로만 답을 찾아야 한다. 그리고 생명에 끊임없이 열정을 불어넣는 무언가가 있다면 그것은 틀림없이 생명 자체보다도 따뜻할 것이다. 이 세상에 사랑보다 더 따뜻한 것이 또 있을까?

영국의 철학자이자 노벨문학상 수상자인 버트런드 러셀은 자신이 무엇을 위해 사는지 언급하면서 이런 말을 남겼다. "단순하지만 강렬한 세 가지 열정이 내 인생을 지배했다. 사랑에 대한 갈망, 지식에 대한 탐구욕, 그리고 인류의 고통에 대한 억누를 수 없는 연민이 바로 그것이다."

러셀의 일생을 지배한 감정은 바로 사랑이었다. 이는 진리에 대한 열애, 누군가를 향한 깊은 사랑 및 인류에 대한 박애로 요약된다.

꽃이 활짝 피어 그 향기가 공기 중에 퍼지는 것처럼, 사람 마음속의 사랑은 열에너지가 전도되듯 그가 있는 공간과 그곳에 있는 사람들에게 전달된다. 삶은 이 온기로 인해 더 따뜻하고 아름다워지며, 사랑을 품은 사람도 이런 삶과 그 속에 사는 자기 자신에 대해 더 큰 희열과 열정을 가진다.

진한 꽃향기가 더 멀리까지 퍼지듯, 사람 마음속에 사랑이 충만할수록 그 사랑은 더 많은 사람에게 전해진다. 또 그 사랑은 자신과 가족, 주변 사람들을 비추는 데에 그치지 않고 점점 더 널리 퍼져 나가 사랑의 온기를 느끼는 사람이 갈수록 늘어난다. 심지어 당사자가 모르는 사람들, 당사자를 전혀 모르는 후대까지 그의 사랑에서 비롯된 온기를 느낄 수 있다.

사람의 정신적 생명력은 내면에 지닌 사랑의 활력에 따라 달라진다. 내면의 사랑이 진실할수록 더욱 강인하고 질긴 정신적 생명력을 가지며, 내면의 사랑이 광활할수록 정신적 생명이 뛰어넘는 시간과 공간도 더욱 확장된다. 이 세상 모든 사람을 사랑하는 사람은 그에 걸맞게 영원히 사라지지 않는 정신적 생명력을 갖는다. 이 세상에서 사람의 이름을 자손만대까지 남기게 할 수 있는 것은 그 사람의 사상과 사랑, 단 두 가지뿐이다. 그리고 사상은 진리에 대한 큰 사랑의 다른 이름에 지나지 않는다.

마치 햇볕처럼 더 많은 생명에게 온기를 전하는 큰 사랑은 맹자가 주장한 '내 집 노인을 공경하여 그 마음이 남의 집 노인들에게까지 미치게 하고, 내 집 어린이를 사랑하여 그 마음이 남의 집 어린이들에게까지 미치게 한다老吾老以及人之老, 幼吾幼以及人之幼'라는 정신이자 공자가 평생 역설한 '어진 사랑仁愛', 즉 유교문화의 핵심이 아닐까?

이런 '큰 사랑'은 또한 소크라테스가 목숨까지 바쳐 가며 지키려 했던 삶의 의미였다.

기원전 399년, 소크라테스는 신을 믿지 않고 아테네 청년들의 정신을 타락시켰다는 죄명으로 법정에서 사형 판결을 받았다. 그러나 소크라테스는 젊은이들의 정신을 타락시키기는커녕 오히려 그들의 정신을 새로 태어나게 했다. 그는 신을 믿지 않은 것이 아니라 당시 대다수의 사람들처럼 무지하고 맹목적으로 미신을 믿으려 하지 않았을 뿐이다. 그는 그리스의 어떤 신도 모독한 적이 없고, 반대로 진심으로 신을 경외했으며, 인간이 이성으로 사고하고 덕성으로 살아갈 수 있는 것은 신을 섬긴 데 따른 은총이라고 생각했다. 이처럼 소크라테스는 그리스 도시국가를 파괴하려는 의도를 추호도 갖지 않았고, 오히려 그리스를 진심으로 사랑했으며, 그리스 시민이 참된 인간으로 살 수 있는 지식을 탐구하고, 덕을 가지고 살아가도록 평생에 걸쳐 그들을 인도했다.

당시 그리스는 정세가 매우 불안정하고 사회는 썩어 가고 있었다. 이 사실을 너무나 가슴 아파한 소크라테스는 날카로운 이성의 칼끝으로 혼수상태에 빠진 아테네를 깨우기로 결심했다. 루쉰이 신랄한 문자로 '쇠로 만든 방'에 갇힌 중국인을 일깨웠던 것처럼 말이다. 소크라테스는 선한 덕성과 강한 이성으로 인해 결국 미움을 샀고, 이 세상 사람들을 향한 남다른 사랑 때문에 죽었다.

사랑은 모든 어둠을 비춘다

소크라테스나 유교 성현들에게 '큰 사랑'은 감정인 동시에 이성이고, 순수한 미덕인 동시에 최고의 지식이며, 궁극의 선인 동시에 궁극의 진리이자 궁극의 아름다움이다. 따라서 '덕은 곧 지식'이라는 소크라테스의 주장은 아무렇게나 내뱉은 말이 아니라 그가 평생에 걸쳐 탐구한 철학의 정수이다. 그의 모든 지식은 '선'을 토대로 하고, '선의

실현'을 위해 존재하며, 보다 선한 삶을 추구하는 데 쓰였다.

또한 사람은 '큰 사랑'을 가슴에 품을 때 비로소 관대하고 인자하며, 비굴하지 않고 올곧을 수 있다. 큰 사랑이 어짊을 낳고 용기를 불러일으킨다. 이런 관점에서 '지, 인, 용이 천하의 달덕'이라는 유가의 가르침은 결국 '지식과 어짊과 용기의 삼위일체'를 의미하며, 이 삼위일체는 유가의 '인애' 정신에 뿌리를 두고 있다.

'덕이 곧 지식'이고, '덕이 곧 큰 사랑'이다. 따라서 진, 선, 미 이 셋은 사랑 속에서 한 몸을 이룬다.

사랑은 미혹되지 않는다. 누군가 혼란에 빠졌다면 이는 그가 사랑을 모르고, 그로 인해 무엇이 옳은 선택인지 갈피를 잡지 못하기 때문이다. 당신의 마음에 사랑이 있고, 그 사랑이 가리키는 곳이 돌아가야할 집이라면 당신은 어떤 유혹 앞에서도 흔들리지 않을 수 있다. 오로지 집으로 돌아가기 위해 앞만 보고 발걸음을 내디디기 때문이다.

집으로 돌아가는 길이 아무리 험난해도 그 길 끝에 집이 있는 한 고난을 기꺼이 감수할 수 있다. 사랑은 한 줄기 빛과 같아서 모든 어둠을 비춘다. 우리 주위에서 시시때때로 비추는 현란하고 다채로운 빛들은 저기 당신의 집 창문에서 새어 나오는 따뜻한 난롯불 빛에 비하면 아무것도 아니다. 멀리 집이 보이는데 어떻게 길을 잃겠는가? 우리 마음에 언제나 사랑의 빛이 머무는데 어떻게 삶이 어둠으로 물들 수 있겠는가?

소크라테스가 사형 판결을 받자 친구와 제자들은 모두 그에게 외국으로 피신하라고 권했다. 귀가 솔깃할 제안이었지만 소크라테스는 이를 거절하고 제자들이 보는 앞에서 태연자약하게 독주를 마시고 죽었다. 소크라테스는 자기 생명을 아끼지 않은 것이 아니다. 정반대로 자신의 깨끗하고 죄 없는 생명을 그가 너무나 사랑한 나라를 위해 바치고, 자신이 신조로 삼았던 덕성과 진리를 지키기 위해 순교의 길을 선택한 것이다.

이와 비슷한 인물로 변법자강 운동이 실패로 돌아간 후 정의를 위해 목숨을 바친 '무술육군자'의 하나인 담사동譚嗣同이 있다. 당시 일본 대사관에서 담사동에게 사람을 보내 보호해 주겠다고 제안했지만 그는 단호히 거절하며 이렇게 말했다.

"어느 나라의 변법도 피를 흘리지 않고 이루어진 적이 없다. 오늘 중국에서는 아직 변법으로 인해 피를 흘린 사람이 있다는 이야기를 듣지 못했다. 이 나라가 아직 변화하지 못한 이유가 여기에 있다. 그러므로 나 담사동이 그 시초가 되고자 한다."

진정한 지식은 오직 진리뿐이며,
선이라는 궁극적인 목표만을 지향한다.

소크라테스와 담사동, 이 두 사람은 마음속에 사랑을 품었다는 공통점이 있다. 사랑을 위해 살기를 원했고, 또 사랑을 위해 죽기를 원했다. 설령 죽는다 해도 집으로 돌아가는 길 위에서 한 걸음 더 내디딘 것에 지나지 않는다. 사랑을 위해 죽는 것이야말로 그들이 사는 방법이자 그들의 살길이었다.

우리 모두는 언젠가 사라진다

졸졸 흐르는 맑은 샘물처럼 누구에게나 불순물 없이 깨끗한 인생의 출발점이 있었다. 그러다 오염되고 혼탁해지는 하수도처럼 인간도 부침을 반복하고 갈수록 복잡해지는 성장 과정을 겪는다. 온갖 물길이 흘러 흘러 드넓은 바다에 이르듯 인간도 마지막에는 청정하고 자유로운 인생의 종점으로 돌아간다.

어른이 된다는 것은 과연 어떤 의미일까?
성숙해지는 것?
노쇠화?
아니면 복잡해지는 것?

인류라는
거대한 연결고리

예술계에 몸담는 친구가 어느 날 이런 얘기를 한 적이 있다. 하루는 장거리 운전을 하다가 갑자기 엉뚱한 생각이 들었다고 한다. 부모님이 만나 내가 생겼고, 나는 두 사람의 아이이므로 내 몸에는 아버지에게서 물려받은 것과 어머니에게서 물려받은 것이 있다. 겉으로 보면 나는 독립적이고 유일무이한 개체지만 실제로 내 몸에는 아버지와 어머니 양쪽에서 물려받은 요소들이 포함되어 있다. 그런데 나의 아버지와 어머니도 각기 그들 부모의 결합으로 생겨났기 때문에 아버지의 몸에는 할아버지와 할머니 양쪽에서 물려받은 요소가 포함되어 있고, 어머니의 몸에도 외할아버지와 외할머니의 유전자가 포함돼 있을 수밖에 없다.

여기까지만 해도 작은 '나'라는 존재는 적어도 여섯 사람의 요소를 내포하고 있다. 단지 나와의 관계가 보다 직접적이고 긴밀하며 가까운 요소들이 좀 더 두드러지게 나타날 뿐이다. 예를 들면, 내 얼굴에서 어떤 부분이 어머니의 유전자를 물려받았고, 어떤 부분이 아버지를 더 닮았는지 좀 더 명확하게 알아볼 수 있는 반면 조부모의 외적 특징은 상대적으로 덜 두드러지는 식이다.

나는 내 어머니와 아버지에게서 났고, 내 아버지와 어머니는 각자 그들의 아버지, 어머니 사이에서 났으며, 할머니와 할아버지는 또 각각 그들의 아버지, 어머니에게서 났다……. 이런 식으로 계속 확장해나가다 보면 이 가족의 가계에 얽힌 사람은 점점 더 늘어나고, 더 멀리, 더 오래전까지 뻗어나가며, 갈수록 끝도 없이 펼쳐진다. 그러다 보면 어느 순간 '나'는 단순한 내가 아니라 수많은 사람의 '결정체'이고, '나' 혼자만이 아니라 과거의 무수한 사람들이 어떤 유전자로 변해 내 몸 안에 살아 있음을 깨닫게 된다.

이 세상에 첫 번째 인간이 탄생했을 때, 심지어 최초의 생명체가 출현했을 때 '나'는 이미 생명의 신진대사의 서열 속에 깃들어 있었다 해도 과언이 아니다. 다만 인류 역사는 빠르지도 느리지도 않게 차근차근 자신의 계획을 현실로 옮기고 있다. '나'는 상당히 오랜 기다림의 과정을 거치고, 자연이 '나'라는 구체적인 생명을 위해 각종 재료 준비를 마친 뒤에야 생일이라고 부르는 특정한 시간에 갓난아이의 모습을 한 '나'로 이 세상에 나는 것이다. 어쩌면 모든 사람은 단순히 자기 자신이 아니며, 그의 몸속을 도는 혈액 속에는 사실 무수한 사람의 생명의 흔적이 녹아 있는지도 모른다.

재미있는 것은 앞서 언급한 흐름을 그대로 따라 다음 세대로 또 그 다음 세대로 확장해도 비슷한 과정이 반복된다는 점이다. 내가 어떤 사람과 결혼해서 새 생명이 생기면 그 생명 안에는 내가 포함된다. '나'의 흔적을 가진 이 새 생명은 자라서 다시 누군가와 새로운 생명을 탄생시킨다. 이 흐름은 끊임없이 무한하게 이어진다.

이렇게 봤을 때 '나'는 단순히 내가 아니라 언젠가 누군가의 유전자 중 일부가 되고, 서로 모르는 수천만 개의 생명 속에 깃든 하나의 유전인자가 된다. '나'의 생명에는 헤아릴 수 없이 많은 미래의 새 생명의 암호가 숨겨져 있는 것이다.

친구 하나가 미국에서 본 세쿼이아숲 이야기를 들려준 적이 있다. 땅 위로 드러난 거대한 뿌리들이 온 흙바닥을 뒤덮고 있었는데, 그 뿌리들이 서로 얽히고설켜 사방으로 뻗어 있는 관계로 그중 뿌리 하나만 잘라 내는 것은 거의 불가능에 가까웠다고 한다.

인류도 이런 형태가 아닐까? 의식하든 의식하지 못하든 사실 우리 각자는 모두 다른 사람과 긴밀하게 이어져 있다. 우리 하나하나는 후손들에게 있어서 영양분을 공급해 주는 한 가닥 뿌리털이고, 선조들 입장에서 볼 때는 그들의 전통을 계승한 가지나 이파리다. 우리는 각각 독립적 개체인 동시에 자각하든 그렇지 않든 인류의 계승자 중 하나이다. 또 한 시대의 구성원인 동시에 역사 속의 수많은 시대와 시대를 잇는 다리이기도 하다.

잘 가,
나의 어린 시절

내 뇌리에서는 늘 일련의 질문들이 떠다닌다. 어른이 된다는 것은 과
연 어떤 의미일까? 성숙해지는 것? 노쇠화? 아니면 복잡해지는 것?
어린 시절에는 하루라도 빨리 어른이 돼 혼자서 판단하고 결정을 내
릴 날이 오길 간절히 바랐다. 그런데 이제는 왜 하루하루 성장해 가면
서도 다른 한편으로 어른이 되기를 두려워하는 것일까? 많은 사람이
어른이 되기를 회피하거나 거부하는 이유는 무엇일까? 우리가 거부
하는 것은 어른이 된다는 것 그 자체일까 아니면 어른이 되는 것과 연
관된 다른 무엇일까? 이를테면 '노화'나 '순수함의 상실' 같은.

어린 시절은 정말로 지금보다 즐거웠을까?

사람은 누구나 즐거운 삶을 추구하고 즐겁지 않게 만드는 것들에
반감을 가진다. 많은 사람이 어른이 되는 것, 성숙해지는 것을 원치

않는 이유는 그들 마음속에 그것들이 즐겁지 않은 일이기 때문일지 모른다. 정말 그런 것일까?

어린 시절을 떠올릴 때면 거의 모든 사람이 애틋함과 그리움을 감추지 못한다. 이렇게 보면 어린 시절은 인생에서 아름답고 즐거운 기억인 것 같다. 그런데 어린 시절이 정말로 우리 기억 속에서 그렇게 달콤하기만 했을까?

꼭 그렇지만은 않다. 당시 우리에게도 참기 어려운 고통과 괴로움이 존재했다. 병원에 가 주사를 맞고 약을 먹는 것, 원하는 장난감을 가질 수 없는 것, 잘못을 저질러서 부모님께 혼나는 것, 사탕을 먹고 싶은데 부모님이 허락해 주지 않는 것, 먹기 싫은 밥을 쌀 한 톨 남기지 않고 억지로 한 그릇 비운 것, 쉬는 시간이 얼마 지나지 않은 것 같은데 바로 수업종이 울리는 것, 방과 후에 친구들과 모여 놀고 싶은데 숙제가 너무 많은 것 등등.

어린 시절이 정말로 그렇게 즐거웠던 것일까 아니면 그 시절을 과장되게 미화하여 지금의 고통을 부각시키고 싶은 것일까? 만약 그렇다면 우리가 일흔 살이 되어 지금을 돌아볼 때도, 현재 일곱 살의 자신을 떠올리듯 '그때는 정말 순수한 시절이었어'라고 지금을 회상하는 건 아닐까? 어른이 되기를 회피하고 성숙해지는 것을 일부러 거부하는 근본적인 이유는 '가질 수 없는 것이 가장 좋은 것'이라는 생각

때문이 아닐까? 영원히 만족을 모르고, 평생 '지금'을 소중히 여길 줄 모르는 인간의 천박한 천성 때문이 아닐까? 다시 말해, 어린 시절이 그토록 아름다운 이유는 결코 돌아갈 수 없는 꿈이기 때문 아닐까? 다시 그 시절로 돌아간다 해도 그때와 똑같이 자리에 주저앉아 엉엉 울면서 힘들다고 떼쓰는 건 아닐까?

사람이 마음속으로 '잘 가, 나의 어린 시절'이라고 작별을 고하는 시기는 언제일까? 인생의 전환점을 맞는 나이가 되면서일까 아니면 태어나서 처음으로 진지하게 생각이라는 걸 할 만큼 정신적으로 충격적인 일을 겪으면서일까?

프랑스 영화 〈굿바이 칠드런〉에서 순수하고 잘생긴 열세 살 소년 쥘리앵은 눈물을 글썽이며 가장 친한 친구인 유대인 소년 보네와 장신부 – 생명의 위험을 무릅쓰고 유대인 아이들을 자신의 학교에 숨겼던, 과묵하지만 따뜻한 천주교 신부-가 게슈타포에게 끌려가는 것을 바라볼 때, 자신의 유년 시절이 끝났음을 깨달았다.

유년 시절에서 성숙기로 넘어가는 그 순간에는 대체 어떤 일이 일어나는 걸까? 처음으로 자유의 맛에 눈을 뜰까 아니면 가장 먼저 삶의 무게를 체험할까?

성숙함은 천진함의 다른 말

성숙하다는 것은 구체적으로 어떤 의미일까? 신체적인 성숙도를 판단하기란 그리 어렵지 않다. 생물학적인 기능이 온전히 갖춰지고, 2차 성징이 나타나고, 신체적 변화가 줄어들어 발육 상태가 상대적으로 안정적이고 지속적인 상태로 들어서는 것 등이다. 그렇다면 정신적인 성숙은? 정신적 성숙도를 판단하는 기준에는 어떤 것들이 있을까? 이 사람은 유치하다, 저 사람은 성숙하다고 말할 때, 그 기준은 무엇일까? IQ? EQ? 아니면 인격일까?

'성숙하다'라는 말에는 어느 정도 성격이 원만하고 처세술에 능하다거나 일처리 방식이 세상 물정을 따른다는 의미가 내포되어 있다. 이런 성격 또는 태도를 갖추려면 본래 가지고 태어난 성정을 다듬거나 '순수함'을 버려야 한다. 그런데 우리는 성숙함이 인생에서 반드시 지녀야 할 필수 덕목임을 잘 알면서도 천진난만한 동심을 결코 포기하려 하지 않는다. 그래서 어른이 되는 것이 어쩔 수 없는 일인 줄 알면서도 그다지 어른이 되고 싶어 하지 않는다. 그런데 성숙함이 정말로 순수함의 반대말인지 의구심이 든다.

내 주위에는 나이 반백을 넘겨 사람이나 사물을 대할 때 행동거지가 막힘없고 자연스러우면서도 이치에 딱딱 들어맞는 어른들이 많다. 그분들을 볼 때면 성숙함과 노련함, 세상사에 대한 통찰력에 절로 감탄이 나온다. 그러나 흥미로운 점은 이런 성숙함이 세월의 흐름에 따라 쌓이는 수양임에 틀림없는데도 언제나 보는 사람에게 맑고 깨끗하며 신선한 느낌을 준다는 것이다. 복잡하거나 혼란하거나 혼탁하기는커녕 아주 단순하고 깨끗하며 평온하다. 그들과 함께 있을 때, 나는 유창한 말솜씨를 동원하거나 잔재주를 부려 응대할 필요가 없다. 그저 마음을 평온히 가라앉히고 담백한 교제에서 느껴지는 편안함과 햇볕이 얼굴을 스치고 지나는 것 같은 투명한 온기를 마음껏 누리면 그만이다.

우리가 성숙함 혹은 유치함을 오해하고 있는 것은 아닐까? 유치함을 천진함으로 착각하는 것은 아닐까? 성숙함은 유치함을 몰아낸다. 유치함이란 '거짓 천진함', '어리석은 천진함', '감정이 실린 천진함'이고, 성숙함은 이런 '가짜 천진함'을 가려내고 단속한다. '순수한 천진함', '소박한 천진함', '영혼의 천진함', '역경 속에서도 감사할 줄 아는 천진함', '손해를 보거나 속임을 당한 후에도 남들을 선으로 대하는 천진함', '세상에 찌든 삶에도 초심을 잃지 않는 천진함' 등 천진함의 진면목을 분명히 밝히기 위해서다.

성숙함의 본질은 바로 이런 천진함이고, 성숙함이 절대 포기할 수 없는 한 가지도 바로 이런 천진함이다. 천진함은 성숙한 사람의 원칙이자 마지노선이다. 내가 생각하기에 성숙함과 천진함은 사실 서로 떨어질 수 없는 한 몸이다.

지식과 성숙함은 비례하지 않는다

그렇다면 성숙함은 어떻게 단련될까? 학습을 통해? 그럼 뭘 배워야 하지? 기능? 지식? 사람들과 어울리고 처세하는 법? 누구에게 배워야 할까? 책? 삶이라는 책 아니면 자연이라는 책? 어떻게 배우지? 경험을 통해 배울 수 있을까?

그런데 지식의 양과 성숙도는 정비례할까? 반드시 그렇지만은 않다. 해박한 지식과 시시비비를 가리는 일은 별개이다. 지식과 학력, 학위만으로 한 사람의 성숙도를 평가할 수는 없다. 그렇다면 경험과 성숙도는 정비례할까? 이것 역시 마찬가지다. 중국에는 이런 말이 있다. "진나라 사람은 스스로 슬퍼할 겨를이 없어서 그들의 후손이 대신 슬퍼했다. 후손들은 이를 보고도 타산지석으로 삼지 않았기에 후손의 후손들이 다시 후손을 대신해 슬퍼했다."*

일반적으로 경험이 많으면 세상 물정에 그만큼 더 밝다. 하지만 하늘 아래 신선한 경험은 없다. 남들이 하루가 멀다고 쓸데없는 분란과

---

* 당나라 시인 두보, 〈아방궁부阿房宮賦〉

화해를 되풀이하는 것을 보고 들으면서도 역사를 공부하거나 다른 사람의 경험에서 교훈을 얻으려 하지 않는다. 오늘 자신에게 어제와 같은 상황이 벌어져도 어제의 잘못을 똑같이 저지르고, 인생의 갈림길 앞에 섰을 때도 고집스럽게도 이미 수많은 사람이 걸어간 거친 길을 선택한다. 박학다식하고 견문이 넓은 사람이 반드시 더 성숙한 것은 아니다. 그렇다면 성숙함을 결정하는 요소는 대체 무엇일까?

어른이
된다는 의미

샘물은 어디로 흘러갈까?

아주 오래전 불교철학을 가르쳤던 교수님은 주화산九華山에서 강의할 때 몸소 겪은 일을 들려주었다.

선생님은 초청을 받아 주화산의 한 사찰에서 강의를 하고, 그날 저녁에 혼자서 산길을 걸었다. 상하이의 인파에 길들여진 선생님에게 나뭇가지가 하늘거리고 샘물이 졸졸 흐르는 산 풍광은 모든 번뇌를 씻어 내고 마음을 탁 트이게 할 만큼 아름답기 그지없었다. 선생님은 절로 '밝은 달이 소나무 사이로 비치고, 맑은 샘물이 바위 위로 흐르네'라는 시구를 흥얼거리며 개울가로 다가가 경쾌하고 힘차게 흐르는 물을 바라보았다.

한참을 바라보던 선생님은 자기도 모르게 이런 의문이 들었다. "이토록 맑고 투명한 샘물은 어디로 흘러가는 걸까?" 생각에 잠겨 있던 선생님은 샘물이 산꼭대기에서 시작해 산 아래까지 쭉 흘러가는 것을 보았다. "이렇게 깨끗하고 티끌 하나 없는 물이 산 아래 인간 세상으로 흘러가서 결국 목욕하고 밥 짓고 화장실 닦는 데 쓰이다니, 너무 아깝군."

생각이 여기까지 미치자 선생님은 갑자기 마음이 편치 못했다. 하지만 철학자는 의문이 있으면 풀릴 때까지 꼬치꼬치 따져 묻는 정신과 사물의 근원을 찾을 때까지 파고드는 습성이 있는 법이다. 그래서 선생님은 질문을 이어 갔다. "오염된 물은 또 어디로 흘러가지?" 일부는 햇볕을 받아 증발해서 수증기가 되는데, 증발하는 과정에서 자정작용이 일어나고 마지막에는 비와 눈, 서리와 안개가 되어 지상으로 떨어졌다가 바다로 유입된다. 나머지 물은 진흙 속으로 스며들어 토양의 천연 정화를 거친 뒤 지하의 물길을 따라 바다로 모여든다. 주화산의 맑은 샘물은 산 아래로 흘러가면서 탁하고 더러워지지만 다시 대자연의 강력한 자정작용을 거쳐 한동안 잃어버렸던 투명함과 깨끗함을 되찾고 마지막에는 바다로 흘러간다.

인간의 성장도 주화산의 샘물과 같지 않을까? 경쾌하게 졸졸 흐르는 샘물처럼 누구에게나 불순물 없이 깨끗한 인생의 출발점이 있었다. 그다음으로는 오염되고 심하게 더러워진 하수도처럼 인생의 부침을 겪고 쓰디쓴 성장 과정을 맛본다. 그렇게 흘러가던 물길이 종국에는 드넓은 바다에 이르듯 마지막에는 청정하고 자유로운 인생의 종점으로 돌아간다.

이런 성장 과정 속에서 점점 성숙해지는 것이 겉으로는 어린 시절의 순수함에서 멀어지는 것처럼 보이지만 실제로는 순박하고 둥글둥글한 천진함에 가까워지는 것이다.

'자기 정화'로 향하는 여정

우리가 유년기를 지나 성숙해지는 과정은 '상대적으로 편협한 순수함'에서 '넓고 큰 순수함'으로, '상대적으로 무지하고 텅 빈 투명함'에서 '불순물이 섞였으나 혼탁하지 않으며 풍요롭고 조화로운 투명함'으로 들어가는 과정이다.

유년 시절의 투명함은 세상에 아직 발을 담그지 않아 더없이 맑다. 그 시절에는 아는 것도 적고 경험도 적었다. 게다가 우리가 알거나 경험한 것 중 대부분이 다른 사람의 분석과 판단 및 선별과 가공을 거친 것들이다.

유년기에는 아직 자유로운 정신과 독립적인 인격을 갖추지 못했기 때문에 좋은 것과 나쁜 것을 분별하여 취사선택하는 자정 능력이 부족하다. 우리가 맛본 삶의 단맛과 쓴맛은 다른 사람이 먼저 씹고 맛본 후 걸러 낸 것들이며, 우리가 접한 세계 역시 타인의 정화 과정을 거친 것들이다. 더러운 물은 증류를 거쳐 청정수가 되고, 삶에서 동화 같은 이야기만 뽑아내며, 폭풍과 폭우도 우리의 인식 세계 바깥에서 한 번 걸러지기 때문에 우리가 맞이하는 것은 훈풍과 가랑비일 뿐이다.

어린 시절 우리는 부모님이 들려주는 아름다운 이야기를 듣고, 부모님이 섬세하게 설계한 아름다운 틀 안에서 생활한다. 착하고 예쁜 공주가 고난을 당하는 것을 보며 흘리는 눈물이 우리 삶에서 겪는 유일한 시련이다. 우리는 있는 그대로의 삶을 직접 겪거나 진짜 세상과 직면하지 않고 타인의 의지 ─ 주로 선의가 깃든 의지─를 거쳐 걸러진 생활을 체험한다. 우리는 부모님이나 선생님 등 어른들이 사랑과 보호로 만든 보이지 않는 울타리 안에서 진짜같이 보이는 세상을 바라볼 뿐이다.

어린 시절의 맑음과 순수함은 무균실 같은 환경, 1년 내내 상온을 유지하는 온실에서 자라난 열매다. '극도로 깨끗한 물에는 물고기가 없다'라는 말이 있다. 극도의 깨끗함은 순수함에서 시작되고, 극도의 순수함은 어떤 이물질도 없는 진공 상태와 무지에서 비롯된다.

성숙한 맑음은 '몰두하되 폐쇄적이지 않고, 개방적이되 지킬 것은 지키는' 삶을 살 때 얻을 수 있다. 우리는 자연스럽게 성장하고 성숙해지며 더 많은 것을 알고 더 복잡한 것들을 경험한다. 이와 동시에 한편에서는 부모님의 노쇠화로 인해 무균실이 조금씩 무너지면서 어쩔 수 없이 혼자 힘으로 세상과 대면하고 스스로 삶을 꾸려야 한다.

자아의 독립에는 경제적 독립과 정신적 독립이 병행된다. 경제적 독립은 타인의 도움 없이 물질을 자급자족하는 것을 의미한다. 정신적인 독립은 남의 지배를 받지 않고 스스로 분석하고 선택하고 창조하는 능력을 가리킨다. 그렇다고 해서 남의 충고나 제안을 무시하거나 선의의 도움과 깨우침을 받아들이지 않는다는 의미는 아니다. 그것은 자기 폐쇄, 자만, 독단일 뿐이다.

성숙한 정신은 살아가면서 점차 자정 체계를 갖추고 맑은 것과 혼탁한 것, 좋은 것과 나쁜 것을 독립적으로 분별한다. 물론 한 번 정해진 분별의 기준이 영구불변한 것은 아니고, 자정 체계 자체도 점차 성숙해지는 과정을 거쳐야 한다. 외부의 사물을 정화하는 동시에 자기 반성과 자기 심사, 자기 검수, 자기 정화를 진행함으로써 자정 기능이 낡고 경직되지 않으며, 독단과 독선 같은 병균에 감염되지 않도록 해야 한다.

성숙한 사람은 주변의 삶과 개방적으로 상호작용을 하며, 이런 소통 속에서 정신적인 자정 체계를 보완함으로써 자기 영혼에 생기를 불어넣는다. 이런 자정 체계는 좋은 것들을 집요하게 추구하면서도 다른 좋은 것들을 배척하지 않고, 전통적인 아름다움을 고수하면서도 새로운 흐름을 밀어내지 않으며, 세상을 포용할 수 있는 넓은 가슴을 가지면서도 흔들림 없이 원칙을 고수한다. 큰 파도가 모래와 자갈을 씻어 내듯, 성숙한 사람의 정신적 거름망은 다른 사람의 지혜와 경험을 본보기로 삼고 정직한 성품 위에 자신을 세우며 진심을 담아 '진선미'를 참조하여 눈앞에 펼쳐진 복잡한 길 중에서 자신이 가야 할 길을 선별한다.

이런 순수함과 맑음은 특정한 환경을 필요로 하지 않는다. 심지어 외부 환경과 아무런 관계도 없다. 선과 악이 마구 뒤섞인 혼란한 환경에 처할지라도 성숙한 사람의 경건하고 진실한 내면은 '진정한 길을 따라 전진하도록'* 그들을 이끈다.

성숙한 순수함은 '부귀영화의 화려함 속에서 걸러낸 욕심 없고 담박한 성품'으로 매우 굳건하며, 성숙한 맑음은 '혼란과 소란 속에서 걸러낸 차분한 절개'**로 더할 나위 없이 고요하다.

영원히 주름지지 않는 영혼의 성숙함

유년기에서 벗어나 성숙해지는 과정은 매 순간 마음이 바뀌는 극도의 불안정함에서 지속적이고 평온한 즐거움으로 접어드는 과정이다.

* 로마 황제 아우렐리우스, 《명상록》
** 명나라 문인 진계유, 《소창유기小窗幽記》

어린 시절에는 종종 사물이나 자신의 감정 변화에 따라 희비가 교차한다. 즐거움은 얻는 순간의 흥분에서 비롯되고, 슬픔은 얻지 못할 때의 실망에서 기인한다.

즐거움을 뜻하는 한자 '쾌락快樂'에 그 의미가 암시되어 있다. 즐거움은 '빨리快' 찾아왔다가 '빨리' 떠나고 전부 그 순간의 감정에 달려 있어서, 즐거움과 슬픔 사이에 끼어들 어떤 감정도 없다. 사탕을 먹으면 기쁘고 먹지 못하면 슬프다. 사탕을 먹었어도 초콜릿을 양껏 먹지 못하면 다시 슬퍼진다. 다른 아이의 구슬을 따면 즐겁고 내 구슬을 잃으면 슬프다. 구슬을 땄어도 다른 아이가 가진 딱총을 얻지 못하면 슬프다. 좋은 것을 많이 가지면 기쁘지만 다른 좋은 것을 갖지 못하면 슬프다.

어린 시절 물건이나 자기감정으로 인해 느끼는 즐거움은 단순하고 본질적이기는 하지만 순간의 만족이나 짧은 행복에 머물 뿐이다. 그 순간이 지나고 난 후에는 다시 아무 목표가 없는 데서 오는 허전함이나 눈앞에 있는 목표를 이루지 못하는 데서 오는 무력감에 빠진다. 따라서 이런 즐거움은 빨리 왔다 빨리 사라지기에 안정적으로 지속될 수 없다.

반면 성숙한 즐거움은 사물이나 자기감정 때문에 일희일비하지 않는 여유와 침착함에 가깝다. 빠르게 왔다가 빠르게 사라지는 즐거움이 아니라 작은 것에 연연하지 않는 너그러운 즐거움이다. 열린 마음은 세상 만물을 포용할 수 있고, 희비와 고락이 자유롭게 드나들며 생겨났다가 사라진다. 이는 잔잔한 해수면 위로 미풍이 불어 잔물결이 생기는 것과 같다.

성숙한 사람은 사탕을 먹으면 기쁘지만 사탕을 먹지 못해도 슬프지 않고, 남을 이기면 기쁘지만 남에게 져도 슬프지 않다. 좋은 음식을 마다하지는 않지만 변변치 않은 음식도 가리지 않는다. 일이 뜻대로 될 때도 자랑하지 않고 뜻대로 되지 않아도 원망하지 않는다. 어느 수도자의 말처럼 행복은 얼마나 얻느냐가 아니라 얼마나 따지느냐에 달려 있다. 적게 따질수록 더 행복하다. 어떤 것도 재고 따지지 않는 사람에게 어떻게 원망이 깃들겠는가? 물질이나 자기감정에 따라 일희일비하지 않는 경지에 오른 사람은 마음이 늘 즐겁고, 삶 또한 언제나 즐거울 수 있다.

객관적으로 봤을 때 삶에는 항상 우여곡절이 있고, 또 자기 뜻대로 되지 않아 실망스러운 일이 많다. 그러나 성숙한 사람은 마음이 갈수록 넓어지고 즐거움에 대한 기대도 갈수록 소박해지기 때문에 용납하기 힘든 사람도, 괴로운 일도 줄어들어 평정심을 유지할 수 있다.

프랑스의 여성 작가인 마르그리트 뒤라스는 이런 말을 남겼다. "나의 즐거움은 내가 좋아하는 일을 하는 데 있기도 하지만, 그보다는 어쩔 수 없이 해야 하는 일을 즐기면서 하는 데 있다." 비트겐슈타인도 일기에 비슷한 깨달음을 적어 놓았다. "나에게는 한 가지 특별한 능력이 있다. 내가 반드시 해야 하는 모든 일에서 즐거움을 찾는 것이다. 그렇기 때문에 나를 기분 나쁘게 만드는 일은 아무것도 없다."

그러므로 우리는 성장을 회피해서는 안 된다. 더욱이 성숙을 처세술에 능하고 닳아빠졌다거나 저속하기 짝이 없다는 의미의 대명사로 여기고 멀리할 필요도 없다. 성숙은 혼탁함이 아니라 진흙 속에서 났지만 더럽지 않고 맑은 물에 씻겨도 요염하지 않은 맑음이고, 경박함이 아니라 수많은 유혹에도 세속에 물들지 않고 순수함을 지키는 차분함이며, 쾌감에서 비롯되는 즐거움이 아니라 마음에 사사로운 욕심이 없어 온 세상을 품을 수 있는 명랑한 달관이다. 성숙은 눈에 빤히 보이는 처세술이 아니라 한결같은 내면의 천진함과 순수함을 가리키고, 인격에 잡히는 주름이 아니라 영원히 주름지지 않는 영혼이다.

마음이 이끄는 대로
몸과 마음이 성숙해질수록 더욱더 자유로워진다. 인간의 신체는 발육과 성장을 통해 성숙해지고, 생물학적으로 점차 완벽해지고 자유로워진다. 아이의 위장은 소화와 흡수 능력이 아직 성숙하지 못하고 강하지 않기 때문에 섭취할 수 있는 음식물이 제한적이어서 딱딱한 것, 날것, 너무 뜨겁거나 차가운 것, 맵고 자극적인 것들을 피해야 한다.

그러다 위장 기능이 성숙해지면 선택할 수 있는 음식의 범위가 다양하게 늘어난다.

마찬가지로 신체가 성숙해짐에 따라 인간의 성적 능력도 차츰 완성된다. 능력이 하나 생기면 선택할 수 있는 대상도 그만큼 늘어나고, 그만큼 더 자유로워진다. 성적 능력의 성숙으로 우리는 또 하나의 새로운 인간을 잉태할 수 있는 자유를 얻는다. 사실 이 세상에서 다듬어지지 않은 옥과 같은 또 하나의 인간을 빚어내는 것보다 더 위대하고 완전한 창조를 상상할 수 없고, 새로운 생명을 이 세상에 데려오는 것보다 더 아름답고 신성하고 엄숙하고 중대한 자유를 상상할 수 없다.

신체적 성장과 더불어 인간의 정신 또한 자라난다. 정신적 성숙은 정신적으로 보다 독립적이 되고, 그만큼 더 자유로워진다는 의미다. 우리는 외부 사물의 옳고 그름뿐 아니라 자아의 옳고 그름도 판단할 수 있다. 남들의 무리한 요구를 거절할 수 있을 뿐 아니라 자신의 과도한 욕심도 반성하고 절제할 수 있다.

미성숙할 때 감성의 풍부함과 이성의 제약 때문에 고민하고, 감성과 이성 사이의 투쟁이 우리를 속박한다고 느낀다. 반면 정신적 성숙은 감성과 이성을 화해시키기 때문에 이성을 이용해 스스로 할 수 있는 일과 해서는 안 될 일의 경계를 설정하고, 할 수 있는 일의 범위 안에서 낭만적인 감성이 마음껏 뛰놀고 찬란하게 꽃을 피우게 할 수 있다.

성숙은 공자가 말한 정신적 자유의 최고 경지인 '종심소욕불유구從心所欲不踰矩'로 우리를 안내한다. 이는 마음이 하고 싶은 대로 해도 법도에 어긋남이 없는 경지다.

성숙한 사람들이 궁극적으로 지향하는 목표는 개인의 정신적 자유를 극도로 끌어올리는 것이 아니다. 사람은 자신의 진실한 마음을 인식함으로써 보편적인 인성을 깨달을 수 있는데, 정신적 성숙이 가져다주는 아름다운 자유를 진정으로 맛본 사람은 다른 사람도 그들 각자의 자유와 아름다움을 얻을 수 있도록 돕거나 이끌고 싶어 한다.

1952년 노벨평화상을 수상한 알베르트 슈바이처 박사가 좋은 예다. 슈바이처는 서른이 되기 전까지 학문과 예술에서 정신적 자유를 추구하다가 서른 살 이후 의학에 전념했고, 그 후 아프리카로 가서 반세기 동안 봉사하는 삶을 살았다. 생명을 경외했던 그는 의학으로 병든 사람과 약자를 도왔고, 그들이 가장 기본적인 인간의 자유인 생존을 실현할 수 있도록 도왔다.

한편 공자는 자아의 정신을 '종심소욕'의 경지까지 끌어올렸다. 이와 동시에 도를 전하고 학업을 가르치고 의혹을 풀어 주는 방식으로 사람들이 정신적인 초월을 실현하도록 도움으로써 '종심소욕불유구'의 자유를 더 많은 사람과 나누었다.

진정으로 성숙한 사람에게 성숙은 단순히 한 개인의 정신적 심화나 자아의 전면적인 계발을 의미하지 않는다. 그들에게 성숙은 후대까지 연결되는 보다 높은 차원의 것이고, 보다 넓은 시야로 자신과 무관한 타인의 삶에까지 영향을 미치는 것이다. 단순히 '나'의 자유뿐아니라 더 많은 사람의 자유를 실현시키기 위해 온힘을 다하는 것이며, '나'의 즐거움만을 추구하는 것이 아니라 더 깊고 원대한 즐거움을 세상에 전파하는 것이다.

삶은
죽음을 향해 간다

모래알 하나, 꽃 한 송이

한 알의 모래 속에서 세계를 보며

한 송이 들꽃에서 천국을 보라.

그대 손바닥 안에 무한을 쥐고

한 순간 속에 영원을 보라.*

이 시를 쓴 시인의 눈에 비친 자연은 만물이 어떤 예외도 없이 신비

---

* 윌리엄 블레이크, 〈순수의 전조Auguries of Innocence〉 중에서

로운 소통과 유대로 연결된 거대한 전체이다.

담 모퉁이에 핀 작은 꽃은 구조가 단순하고 평범하며 보잘것없지만 자세히 들여다보면 그 안에 복잡하고 완전히 다른 세계가 숨어 있다. 이처럼 우리가 사는 이 거대한 자연계가 우리 눈에는 아주 복잡하고 심오해 보이지만 만약 인간보다 더 높은 차원의 혜안을 가진 존재, 흔히 이야기하는 신적인 존재가 실제로 존재한다면 그의 눈에 비친 이 세상은 담 모퉁이에 핀 보잘것없는 작은 꽃에 불과할지도 모른다. 우리는 그 꽃의 꽃잎에 붙어 있다가 바람이 불면 날아가는 먼지 한 톨일 수도 있다.

식물학을 전공하는 학생이 이런 이야기를 들려준 적이 있다. 작은 꽃 한 송이를 해부했을 때, 그녀는 그 가볍디가벼운 꽃잎에 둘러싸인 생명이 너무나 정교하고 아름답다는 것을 발견했다. 너무나 절묘하고 논리적인 색채와 형태, 향기의 조합이 불가사의하게 느껴질 만큼 신기하고 아름다워서 오랫동안 그 속에 심취해 깊은 감동을 느꼈다고 한다.

이런 경험을 한 것은 비단 그녀만이 아니다. 200년 전, 독일의 대문호 괴테도 비슷한 경험을 하고 이를 글로 표현했다. 오후마다 그는 피곤한 줄도 모르고 숲속과 초원을 거닐었고, 걷다 지치면 커다란 바위에 앉아 쉬면서 무심결에 꺾은 작은 꽃을 들여다보았는데, 그 꽃에 매

료되어 오랫동안 사색에 잠겼다. 우리 눈에는 평범하기 짝이 없는 작은 꽃이 괴테의 눈에는 하나의 세계였던 것이다.

끊임없이 유행이 바뀌고 변화무쌍한 패션업계에서는 자연계 곳곳에 피어 있는 작은 꽃들 및 흔히 볼 수 있는 형형색색의 나비와 곤충, 물고기와 새 등에서 마르지 않는 영감의 원천을 얻는다. 샤넬의 영원한 상징이 된 동백꽃, 50년 넘도록 사랑받는 화사한 색감의 폭스바겐 비틀 등등이 이를 대표한다.

예전에 친구 집에서 표지에 'Jewelry'라고 적힌 두꺼운 화집을 본 적이 있었다. 무슨 보석이 있을지 기대감과 호기심에 화집을 열었는데, 눈앞에 펼쳐진 것은 백 장이 넘는 곤충의 클로즈업 사진이었다. 곤충의 특정 부위들이 크게 확대돼 무늬가 아주 세밀하고 정교하며 아름다웠다. 곤충의 좌우 양쪽에 새겨진 무늬는 아주 섬세하게 얽혀 있고, 복잡하면서도 잡스럽지 않으며, 완벽하게 대칭을 이루고 있었다. 역사상 가장 위대한 예술가도 그토록 낭만적이고 자유로운 상상력을 가질 수 없고, 가장 뛰어난 화가와 조각칼도 자연의 손이 수천수만 년 이래로 빚어 온 정교한 조각과 어깨를 나란히 할 수 없으리라는 생각에 나도 모르게 온몸이 떨렸다.

우리는 예술에 매혹되지만 예술은 자연을 숭배한다. 처음에는 그 화집의 제목이 잘못 인쇄됐다고 생각했다. 명명백백한 생물을 보석이라니? 하지만 다시 생각해 보니 제목은 결코 잘못 표기되지 않았다. 오히려 이 제목이야말로 화집 작가의 독창성을 적확히 드러냈다. 이 세상에 어떤 인공적인 장신구가 생물계의 물고기와 새, 나비와 곤충, 화초와 나무보다 더 아름답고 정교하며 화려할 수 있겠는가? 그것들은 분명 보석이다. 자연이라는 아름다운 옷에 상감한 보석이자 신이 착용하는 보석이다.

작은 꽃에 담긴 진리

자연의 신비를 깨달은 사람은 우리가 홀대했던 담 모퉁이의 작은 꽃 한 송이에서도 또 다른 형태의 우주를 발견하고, 손가락 사이에서 떨어진 미세한 먼지에서도 신천지를 발견할 수 있다. 마찬가지로 스티븐 호킹이 《호두껍질 속의 우주》에서 말한 것처럼, 우리가 사는 삼라만상의 이 세상은 사실 어마어마하게 큰 꽃이거나 현미경에 의해 무한히 확대된 과일의 씨이고, 우리는 그 속에 사는 미생물에 불과할지도 모른다.

문득 이런 이야기가 떠오른다. 천 년 전 영산회靈山會에서 중생이 도를 구하고 불법佛法을 묻느라 열중할 때, 석가모니는 고개를 숙여 꽃을 집어 들었고 가섭迦葉은 한쪽에서 미소를 띠었다. 두 사람 다 아무 소리도 내지 않았지만 굳이 말하지 않아도 서로 마음으로 이해했다.

그런데 왜 아무 말도 하지 않았던 걸까? 인간의 유한한 문자와 언어로는 지혜나 생명, 진리와 같이 무한한 '큰 도'를 절대 담아낼 수 없다. 설령 우리의 언어가 눈에 보이고 귀로 들리고 몸으로 느껴지는 만물을 모두 다 표현할 수 있다 해도, 우리 주위를 둘러싸고 있고 어디에나 존재하는 '진리'를 온전히 전하기란 불가능하다.

생명과 지혜, 진선미가 무엇인지 알고 싶다면 손에 들린 작은 꽃을 보자. 작은 꽃은 생명을 가진 만물 중 하나다. 봄에는 꽃이 피고 가을에는 열매를 맺으며, 떨어진 꽃잎은 봄의 흙 속에 녹아들어 다시 꽃을 보살핀다. 인간이 갓난아기에서 소년과 청년을 거쳐 장년과 노년으로 향하는 것과 같은 이치다. 생명이 있는 것 중에 이와 같지 않은 것이 있을까? 보잘것없어 보이는 이 작은 꽃과 무슨 차이가 있을까?

석가모니와 가섭이 아무 말도 하지 않은 이유는 작은 꽃이 자신의 고요한 언어로 이야기하고 있었기 때문이다. 모래알, 하늘, 달빛, 낙엽 모두 자기만의 속삭임과 소리 없는 은유를 가지고 있듯, 꽃이 가진 색과 향기, 형태와 떨림, 생명의 궤적 모두가 꽃의 언어다. 우리도 부처 손에 들린 그 작은 꽃이 아닐까? 부처 손에 있는 그 작은 꽃의 진정한 의미를 깨달았다면 자연의 손, 운명의 손에 쥐어진 '나'라는 작은 꽃에 대해서도 다소나마 깨달을 수 있을 것이다.

누군가 자연에 있는 아무 돌이나 하나 집어서 30분 동안 진지하게 바라보면 그 돌을 사랑하게 될 것이라고 말했다. 이는 황당무계하기만 한 말이 아니다. '응시는 힘을 가지고 있다'* 는 말처럼 바라보는 것만으로도 생명의 에너지가 전달되고, 언어를 통하지 않고도 정신적 소통이 이루어질 수 있다. 깨달음이란 바로 이런 정신적 응시 속에 영혼이 봄철의 꽃처럼 활짝 피어나는 것을 의미한다.

높은 곳에 서서 멀리 바라보라

깨달음 자체는 특별하고 남다른 수행이나 높은 차원의 정신적 경지가 아니다. 사실 사람은 누구나 깨닫는 능력이 있다. 다만 개개인이 가진 자질이나 삶의 기회와 인연에 따라 깨달음의 시기와 정도가 조금씩 다를 뿐이다. '깨달음'이라는 말이 굉장히 심오하게 들리지만 한마디로 요약하면 '높은 곳에 서서 멀리 바라보는 것', 즉 우리가 흔히 말하는 '식견'이다.

건물을 예로 들어 이해해 보자. 10층에 있는 사람은 3층에 있는 사람보다 사물을 더 전면적이고 온전하게 볼 수 있고, 3층에 있는 사람이 아무리 애써도 볼 수 없는 풍경을 좀 더 쉽고 뚜렷하게 볼 수 있다. 3층에 있는 사람은 작은 강이 커다란 산에 가로막혀 잘 보이지 않는

---

* 비트겐슈타인, 《문화와 가치》

모습에 마음이 아파 탄식했다. 그런데 10층에 있는 사람은 산꼭대기 너머의 풍경까지 선명하게 눈에 들어왔다. 그 작은 강이 산에 가로막힌 것이 아니라 산을 크게 휘돌아 산 반대편에서도 계속 흐르고 있는 것을 발견했고, 심지어 중간에 여러 하천과 합류해 바다를 향해 힘차게 흐르고 있다는 것까지 확인했다. 3층에 있는 사람이 작은 강의 비극적인 운명을 슬퍼할 때, 10층에 있는 사람은 희망에 부풀고 낙천적인 마음을 품었다.

마찬가지로 깨달음의 수준이 낮은 우리 대부분은 아무리 애써도 어떤 일을 끝까지 해낼 수 없다는 느낌을 받을 때가 있다. 우리 앞에 직면한 어려움이 작은 강을 가로막고 선 거대한 산처럼 극복할 수 없고, 넘어설 수 없는 치명적인 문제로 여겨지기 때문이다. 하지만 깨달음의 수준이 높은 사람은 같은 문제도 여유롭고 손쉽게 대처할 수 있다. 이는 그들의 능력이 더 뛰어나기 때문만은 아니다. 우리가 3층 높이의 정신적 경지에 서 있을 때, 그들은 10층 높이에 서 있기 때문에 자연히 더 멀리 볼 수 있는 것이다.

10층에 있는 사람이 산 반대편에서 흐르는 작은 강을 볼 수 있듯, 비교적 높은 정신적 경지에 오른 사람은 뛰어넘을 수 없을 것 같아 보이는 어려움을 미리 내다보고 훌쩍 뛰어넘는다. 이후 그의 앞에는 화창한 봄날과 탄탄대로가 펼쳐진다.

본질을 꿰뚫는 기쁨

깨달음의 가장 높은 경지는 당연히 완전한 깨달음이다. 생명의 진짜 모습, 세상의 본질을 철저히 이해하고 완전히 꿰뚫어 본다는 의미다. 완전한 깨달음은 평소 이야기하는 속세에 대한 달관과도 약간 비슷하다. 이 때문에 속세를 떠나 불교에 귀의해서 비구나 비구니가 되고, 등잔불 아래서 불경을 외우면서 단조롭고 무미건조하며 욕심 없는 청빈한 삶을 살아야 완전한 깨달음을 얻을 수 있다고 종종 오해한다. 이와 관련해 짚고 넘어가야 할 것은 속세에 대한 달관이나 세상사를 꿰뚫어 본다는 의미의 완전한 깨달음이 불교에 귀의하는 것과 어떤 필연적인 관계도 없다는 사실이다.

속세에 대한 달관은 속세 위에 마음을 둔다는 뜻이고, 세상사를 꿰뚫어 보는 것 또한 세상 사람들보다 더 깊고 멀리 볼 수 있다는 뜻이다. 한마디로 정신적 경지라는 건물에서 깨달은 사람이 뭇 중생보다 좀 더 높은 층에 서 있다는 의미이다.

그가 정신적 경지의 최고층에 서서 모든 산을 내려다볼 수 있게 되면, 자연히 세속에서 사는 사람의 눈으로 결코 볼 수 없는 먼 곳과 먼 미래까지 내다볼 수 있다. 세속에 사는 우리와 비교할 때 그는 당연히 선지자이자 선각자다. 불교에서는 완전한 깨달음을 얻은 자를 흔히 '불佛'이라고 부른다. 따라서 불은 신이나 하늘에서 내려온 존재가 아니라 철저하게 깨달은 사람, 만물의 법칙을 깨닫고 모든 일에 통달하며 대오각성한 사람이다.

삶과 죽음의 순환

크고 완전한 깨달음이란 어떤 예외도 없이 모든 것을 깨닫는 것이다. 그런데 인간이 살아가면서 가장 꿰뚫어 보기 힘든 것이 바로 '삶과 죽음'이다. 완전하게 깨달은 사람이라면 분명 죽음을 이해하고 생과 사를 꿰뚫어 보며 의연하고 편안하게 죽음을 맞을 수 있을 것이다. 그런데 과연 이것이 가능할까? 가능하다면 어떻게 가능할까?

평유란馮友蘭은《중국철학간사中國哲學簡史》에서 장자의 지혜를 설명할 때 이런 예를 들었다. 아이는 어른에 비해 이해하지 못하는 일이 많다. 비 오는 날 밖에 나가서 놀면 안 되는 이유 같은 것들이다. 그럴 때 아이들은 울면서 발을 동동 구르거나 바닥을 뒹굴며 울고불고 난리를 피거나 하루 종일 화가 나 툴툴거린다. 그러나 어른들은 그렇게 하지 않는다. 언제든 비가 올 수 있고 비가 오면 땅이 젖으며, 비 오는 날 밖에 나가면 불편한 점이 아주 많아서 즐겁게 놀지 못하므로 비가 오지 않는 날 노는 것이 훨씬 재미있다는 사실을 알기 때문이다. 이 점에 있어서는 어른이 아이보다 좀 더 높은 곳에서 멀리 내다본다고 할 수 있겠다. 즉, 더 큰 깨달음을 얻은 것이다.

완전히 깨달은 사람과 우리를 비교하면 마치 어른과 아이 같다. 사람이 언젠가 죽는다는 것은 논쟁할 필요가 없는 사실이자 변치 않는 정확한 지식이며 피할 수 없는 숙명임을 누구나 잘 알고 있다. 그러나 우리는 '나도 언젠가 죽는다. 내 생명은 지금도 조금씩 죽음을 향해 가고 있다'는 사실을 진정으로 받아들이지 못하고, 그로 인한 공포에서 벗어나지 못해 늘 전전긍긍하고 불안에 떤다. 그러나 완전히 깨달은 사람은 그 사실을 받아들이고 두려워하지 않으며 평상시처럼 태연자약하다. 그는 삶을 욕심내지도 않고 죽음을 무서워하지도 않는다.

우리가 바라보는 삶은 3층에 있는 사람이 바라보는 작은 강과 같고, 우리 눈에 비친 죽음은 우뚝 솟은 거대한 산과 같다. 그래서 거대한 산이 작은 강을 가로막은 것처럼 삶이 죽음을 뛰어넘을 수 없다고 생각하고, 3층에 있는 사람이 산에 가로막힌 강을 보며 슬퍼했듯이 죽음에 대해 비통해한다.

하지만 깨달음을 얻은 사람의 눈에 비친 삶은 10층에 있는 사람이 본 강과 같고, 죽음 역시 그 거대한 산과 같다. 그가 바라본 죽음은 그 산처럼 무서울 정도로 어두컴컴하지만 결코 뛰어넘을 수 없는 난관은 아니다. 10층에 있는 사람이 산 너머에서 세차게 흐르고 있는 강물을 본 것처럼, 깨달음을 얻은 사람 또한 죽음으로 인해 완전히 생명을 잃는 것이 아니라 죽음이라는 단계를 거쳐 삶의 또 다른 상태, 또 다른 존재 양식으로 진입한다는 것을 내다보았다. 생명은 다만 이전과 다른 형태로 여전히 존재하는 것이다.

　나는 때때로 생명은 신체라는 가죽 자루에 들어 있는 정신이고, 죽음은 정신이 이 가죽 자루를 떠나 바깥의 무한한 시공간을 떠도는 상태 같다는 생각을 한다. 시간은 우리 한 사람 한 사람을 요람에서 무덤으로 유유자적하게 밀어내고, 삶의 순간순간마다 우리는 늙어 가고 죽음에 점점 더 가까워진다. 이 과정에서 우리 신체 안의 정신은 한 방울씩 가죽 자루 밖으로 흘러넘치고, 기력은 조금씩 공기 속으로 흩어진다. 마지막 기력이 호흡을 통해 몸 밖으로 빠져나가는 순간, 우리는 삶의 여정을 마무리하게 된다.

　이는 마치 둥근 그릇의 물을 마지막 한 방울까지 네모난 그릇에 아주 천천히 붓는 것과 같다. 또는 모래시계 위 칸의 마지막 모래 한 알이 아래 칸의 모래더미 가장 윗부분에 떨어질 때까지 빠르지도 느리지도 않게 쉬지 않고 한 알씩 아래로 떨어지는 것과 같다. 사실 두 개의 그릇에 든 물의 총량은 변하지 않았다. 다만 물의 형태만 원형에서 사각형으로 변했을 뿐이다. 모래알의 총 개수도 똑같고, 위치가 바뀐 것뿐이다.

　생명의 운행도 이와 비슷하지 않을까? 탄생에서 죽음에 이르는 삶의 과정은 정신이 신체에서 아주 서서히, 하지만 끊임없이 바깥으로 증발하는 과정이다. 정신의 총량은 일정하다. 다만 유형의 신체 속에 인간은 죽음에서 도망칠 수 없다.
사실 매일 그것을 향해 가고 있다.
그러나 우리는 죽음에 대해 완전히 무기력하거나
아무 선택권도 없는 것이 아니다.
우리는 자신의 삶과 죽음을 선택할 수 없지만
죽음을 어떻게 바라볼 것인지는 선택할 수 있다.

덩어리지어 모여 있던 정신이 끝도 없이 펼쳐진 공간 속으로 흩어지는 것뿐이다. 다시 말해, 생명은 죽음으로 인해 사라지는 것이 아니다. 단지 평범한 사람으로서는 이해할 수 없는 전환을 거쳐 눈에 보이는 것에서 보이지 않는 것으로, 유형에서 무형으로 변화하는 것이다.

생명은 마치 낮과 밤으로 이루어진 하루와 같다. 어두운 밤이 왔다고 해서 하루가 진짜로 끝나는 것이 아니라 환한 낮과는 다른 형식과 상태로 그 하루가 계속 이어지는 것이다.

《괴테와의 대화》에 실린 한 대목이 떠오른다. 살날이 얼마 남지 않았음을 예견한 괴테는 그 사실을 친구이자 제자인 에커만에게 이야기했다. 에커만이 너무 괴로워하자 괴테가 말했다.

"괴로워할 것 없네. 죽음은 내가 우주에서 사라지는 것이 아니라 기존의 에너지 형태에서 또 다른 에너지의 형태로 바뀌는 것뿐이라고 생각하네. 어떤 의미에서는 육체의 속박에서 벗어나 무한한 시공간으로 흩어지는 것이지. 전보다 더 자유로운 형태로 어디에나 존재한다는 더 강한 존재감을 갖게 되는 거라네."

괴테가 죽음을 앞에 두고 존경스러울 정도로 당당하고 대범했음을 보여주는 이 대목을 읽으면서 죽음이 그에게 아무런 위협도 되지 않았음을 깨달았다. 그 스스로 죽음보다 높은 존재였기 때문에 그는 죽었지만 죽지 않았다.

보이지 않는다고 존재하지 않는 것은 아니다

프랑스 영화 〈애프터워즈〉에서 내가 아주 깊은 인상을 받은 장면이 있다. 열 살짜리 딸과 아빠가 죽음에 대해 대화를 나누는 장면인데, 남자의 아내이자 아이의 엄마가 곧 죽음을 맞기 때문이었다.

아빠 : 죽음이 뭔지 아니?

딸 : 그럼요. 우리가 죽으면 진흙 속에 묻혀요. 땅속에는 달팽이가 있는데, 이 달팽이가 우리를 조금씩 먹어 치우면 우린 사라져요.

아빠 : 하하, 맞다. 그런 이야기가 있지. 아빠는 어떻게 생각하는지 듣고 싶지 않니?

딸 : 듣고 싶어요.

아빠 : 우린 사라지지 않을 거야. 우리가 죽으면 더 이상 존재하지 않지만, 어쩌면 더 잘 존재할 수도 있어. 아빠가 왜 그렇게 생각하는지 아니? 배가 바다 위에서 점점 더 멀리 사라지는 걸 본 적 있지? 배가 사라지면 우리는 그것을 볼 수 없어. 그렇다고 해서 그 배가 완전히 없어지는 걸까?

딸 : 아니요.

아빠 : 그래. 아빤 죽음도 그렇다고 생각해. 생명이 어떤 이유로 인해 점점 우리에게서 멀어지면 눈에는 보이지 않게 되지만 그것은 여전히 존재하는 거지.

딸은 알 듯 말 듯 고개를 끄덕이다가 조금 이해한 듯한 표정을 지었다.

어쩌면 많은 사람이 죽음에 대해 이 열 살짜리 소녀처럼 생각할지 모른다. 사람이 죽으면 땅에 묻혀서 썩고 사라지며, 으스스하고 무서운 것이라고. 반면에 영화 속 아버지처럼 죽음을 바라보는 사람도 있다. 그가 생각하는 죽음은 생명이 다른 형태로 변형되어 또 다른 존재의 차원에 도달하는 것이다.

그가 말한 것처럼 바다 위의 배가 먼 곳으로 항해하면 우리 시야에서는 벗어나지만 이 세상에서 사라진 것은 아니다. 우리 눈에 보이지 않는다 해도 배는 여전히 존재한다. 죽음도 마찬가지다. 사람들이 우리의 시야에서 사라져도 그들은 우리 눈에 보이지 않는 방식으로 여전히 존재한다.

영화 속 이 부녀의 대화를 듣고 나도 홀가분해진 기분을 느꼈지만 마음속에는 아직 남은 의문이 맴돌았다. 그래서 그 둘의 대화를 나의 상상으로 이어 가 보았다.

딸 : 배는 다시 돌아오는데 죽은 사람은 왜 우리 곁으로 다시 돌아오지 않아요?

아빠 : 그들이 간 곳이 여기보다 훨씬 좋아서 돌아오려고 하지 않는단다.

그래도 다시 만날 수 있어. 우리도 지금 그들이 있는 곳으로 가고 있거든. 그들은 거기에서 우리를 기다리고 있지. 결국 우리는 아름다운 그곳에서 그들과 다시 만날 수 있단다.

내 머릿속 대화는 여기에서 끝이 났다. 내가 보기에 적어도 대화가 논리 정연해져서 나 스스로 납득할 수 있었기 때문이다.

무지가 두려움을 낳는다

누구도 실제로 죽음을 겪었거나 죽음이 무엇인지 완전히 이해했다고 말할 수 없다. 하지만 죽음이 어차피 피할 수 없고, 자연이 우리에게 준 선택 불가능한 필연적인 결말이라면 거기에는 그만한 이유와 의미가 있다고 생각한다.

자연이 우리에게 눈을 준 것은 빛을 찾아 주기 위함이고, 치아를 준 것은 음식 섭취를 돕기 위함이며, 오장육부를 준 것은 우리 신체의 여러 기능을 분담하기 위해서다. 그러므로 자연이 맨 처음에 우리에게 생명을 준 것처럼 마지막으로 죽음을 주는 데에도 분명 선한 의도가 있을 것이다.

"우리를 괴롭히는 것은 사물 자체가 아니라 사물을 대하는 우리의 생각이다." 고대 그리스의 철학자의 말에 나는 전적으로 동감한다. 죽음 그 자체는 그리 무서운 일이 아니다. 정말로 우리를 공포와 불안에 떨게 하는 것은 죽음에 대한 우리의 무지와 그로 인한 두려움일지도 모른다.

신이든 귀신이든 인간은 미지의 사물에 대해 늘 공포를 가지고 있다. 공포는 인간의 이성을 마비시키고, 인간의 판단에 영향을 미친다. '죽음이란 무엇인가'라는 문제 앞에서 모든 인간은 평등하다. 죽음이 무엇인지 아는 사람이 없으므로 누구도 권위를 내세울 수 없기 때문이다. 우리가 아는 것이라곤 결코 죽음을 피할 수 없고, 매일 그것을 향해 다가가고 있다는 사실뿐이다. 그렇다고 무기력하게 손 놓고 죽음이 다가오기만 기다릴 수는 없으며, 결코 선택의 여지가 없는 것도 아니다. 죽을 것인지 죽지 않을 것인지를 선택할 수는 없지만 어떻게 죽음을 대할 것인지는 선택할 수 있다.

죽음을 보고도 못 본 체하거나 죽음은 존재하지 않는다는 듯 눈 가리고 아웅할 것인가, 아니면 죽음을 직시하고 평온한 마음으로 그것과 화해하며 언젠가 반드시 발생한다는 사실을 받아들일 것인가. 죽음을 인생길의 머리 위에 매달려 언제 떨어질지 모르는 바위로 여기고 참고 견딜 것인가, 아니면 성대한 연회가 끝난 뒤 자리를 떠나야 하는 것을 알면서도 연회를 즐기듯 죽음의 존재를 즐길 것인가. 3층에 서서 죽음을 넘어설 수 없는 높은 산이라 여기고 슬픔과 괴로움에 빠져 살 것인가, 아니면 한 계단씩 더 높은 정신적 경지로 올라가 10

층에 서서 죽음의 산을 뛰어넘고 그것의 위협에서 벗어날 것인가. 죽음은 생명의 강이 흘러가는 과정에서 만나는 한 부분일 뿐이다. 죽음은 이쪽 물길의 끝이자 다른 물길의 시작점이다.

죽음을 어떻게 대하느냐에 따라 죽음에 대한 의미가 달라진다. 죽음을 피하고 두려워할수록 그것은 더 나쁜 기운을 뿜어내 우리를 공포로 몰아넣는다. 반면 죽음을 직시하고 이해하며 진심으로 포용하고 받아들이면 그것은 봄, 여름, 가을, 겨울 또는 맑음, 흐림, 눈, 비처럼 아주 자연스러운 과정이 되어 인간이 알 수 없는 다음 영역으로 소리 없이 넘어간다. 사계절과 날씨, 썰물과 밀물, 일출과 일몰이 모두 그러하며, 생명 또한 자연 만물 중 하나이므로 역시 그러하다. '흐르는 시간은 다시 순환을 시작하고 영원히 순환한다.'*

끝이 있는 인생을 즐겨라

우리는 왜 그렇게 죽음을 두려워할까? 정말로 두려운 것은 어쩌면 '공허'일지 모른다. 죽음에 대해 견딜 수 없는 불안함을 느끼는 이유

---

* 로마 시인 베르길리우스의 시구. 프랑스 사상가 몽테뉴의 《수상록》에서 재인용.

는 죽음이 자아의 완전한 소멸을 의미하고, 죽음으로 인해 자신이 '무無'로 돌아간다고 여기기 때문 아닐까? 자신이 바람과 함께 사라질 수 있다는 것, 이로 인해 이 세상에 더 이상 내가 존재하지 않을 수도 있다는 것을 상상할 수 없다. 즉 우리가 죽음을 무서워하는 이유는 그것을 영원한 공허라고 생각하기 때문이다.

정말 그렇다면 죽음을 초월하는 것보다 공허를 없애는 것이 관건이다. 생명의 길고 짧음을 따지는 데 헛심을 쓰기보다 유한한 생명을 어떻게 사용해야 삶이 공허해지지 않을지 깊이 생각하는 편이 훨씬 의미 있다.

정신이 풍요롭고 충만한 사람들은 후회 없고 만족스러운 삶을 위해 매 순간순간 수확과 즐거움을 창조해 내고 또 그것을 누린다. 물론 그들이 죽음을 기다리거나 사랑하는 것은 아니지만 그렇다고 죽음을 두려워하지도 않는다.

그들은 죽음을 의연하게 마주하고, 심지어 죽음에 대해 감사해 한다. 죽음이 행복한 이 순간을 갈라놓거나 지금 그들의 가슴에 가득 흐르는 두터운 정을 방해하지 않았기 때문이다. 설사 죽음이 불시에 찾아와 데려간다 해도 그들은 아무런 원망이나 후회가 없다. 삶은 그들이 지금까지 누린 것만으로도 아주 근사했으니까. 그들은 마지막 순간까지 사랑 속에서 세상을 떠나기 때문에 그 사랑 속에서 영원히 살 것이다.

빅토르 위고는 자신의 진실한 벗이었던 대문호인 알렉상드르 뒤마가 세상을 떠났다는 소식을 들었다. 하지만 중병에 걸린 아이 곁을 한시도 떠날 수 없어서 뒤마의 장례식에 참석하지 못했다. 이에 그는 뒤마에게 바치는 추모 편지를 써서 보냈는데, 말미의 내용은 대략 이러했다.

"얼마 지나지 않아 지금 내가 할 수 없는 일을 할 수 있을 것 같네. 자네가 쉬고 있는 곳으로 나 혼자 찾아갈 걸세. 내가 망명지에 있을 때 자네가 나를 찾아왔으니, 이제 내가 자네 무덤으로 답방을 가야지."

감사하고 반성하며 탐구하라

7강

'은혜恩惠'라는 글자는 모두 '마음心'을 바탕으로 하고 있다. 이와 호응하는 '감은感恩' 역시 아래에 모두 마음 심 자가 들어간다. 이는 곧 우리의 태도를 의미한다고 볼 수 있다. 진정한 은혜는 타인이 나에게 베푼, 마음에서 우러나온 선의이다. 따라서 이에 대한 진정한 감은, 즉 감사의 표현 역시 내면에서 나온 진심 어린 반응이어야 한다.

'같은'이라는 두 글자가 내포하고 있는
의미는 매우 깊고 풍부하다.
우리는 타인의 온정과
관심을 받아들일 줄 아는 동시에
온정을 상대에게 전하고
사랑을 주는 법을 배워야 한다.

가장
아름다운 감사

세상의 모든 선의

왜 우리는 감사해야 하는가? 타인이란 존재는 우리에게 무관심할 권리가 있다. 또한 굳이 우리에게 주의를 기울이지 않고, 손 내밀어 돕지 않아도 될 권리가 있음에도 불구하고 그 권리를 사용하지 않았기 때문이다.

인간은 슈퍼맨처럼 특수한 능력을 가졌다거나 천부적인 우월성을 지닌 존재가 아니다. 따라서 타인은 우리의 삶에 구태여 관심을 가질 필요가 없다. 우리가 무슨 도움을 필요로 하든 무시할 수 있고, 우리에게 어떤 편의를 제공해야 할 이유가 없다. 설령 그럴 능력이 된다 해도 그렇게 하지 않을 권리가 있다.

그렇기에 남들이 우리에게 보이는 하나하나의 관심, 도움, 심지어 미소 한 자락조차 그가 나를 위해 들이는 애정이자 시간, 정력 및 내면의 선의인 것이다. 이는 우리가 날 때부터 마땅히 받아야 하는 것이 아니라 그들의 자발적인 예우 또는 긴요한 순간에 베푸는 은혜다. 우리는 이런 예우에 마땅히 감사하는 마음을 갖고, 우리가 받은 행운에 마음 가득 고마움을 표해야 한다.

타인이 베푼 선의가 결코 당연한 것이 아니라는 사실을 깨닫고, 남에게 받은 혜택에 몸 둘 바를 모를 줄 알기만 해도 감사하는 마음이 자기도 모르게 저절로 생겨난다.

그래서 자기도취형 인간은 감사를 알지 못한다. 자신을 객관적이고 공정하게 평가할 수 없는 사람, 평정심을 가지고 냉정히 자신을 볼 줄 모르는 사람, 자신과 옆 사람을 동등하게 여기지 않는 사람 등이 여기에 속한다. 남들과 비교해 자신이 더 높고 우월하며 특권을 누릴 자격이 있다고 여길 때, 깊은 자아도취에 빠져 타인의 선의에 대한 고마움과 자신에게 주어진 행운에 감사하는 마음을 망각해 버린다.

여기서 말하는 '타인'은 길에서 우연히 스쳐 지나가는 사람이나 겨우 얼굴 몇 번 본 낯선 사람들만 가리키는 것이 아니다. 타인에는 우리의 가족, 절친한 친구, 배우자까지도 포함된다.

인간의 정신은 시각과 매우 흡사하다. 근시나 원시처럼 종종 양쪽의 균형을 잃고 극단적인 양상을 띠곤 한다. 근시는 멀리 보는 식견이 떨어지고 사적인 욕심에만 치중하는 것을 의미한다. 개인의 득실만 따지고 한 걸음 떨어진 곳의 타인, 사회, 다음 세대 등에는 일말의 배려나 책임감도 느끼지 못한다.

원시는 남이 베푼 선의나 도움은 절대 잊지 않고 가슴 깊이 감사와 황송함을 느끼면서 정작 가족이나 배우자의 일상적이고 소소한 헌신은 가볍게 여기고 곧잘 잊어버리는 것을 의미한다. 가족들이 잘못한 것은 하나하나 세세히 기억하고, 배우자에게서 받은 크고 작은 상처들은 가슴에 담아 두었다가 다툼이 벌어지면 봇물 터지듯 상대의 잘못을 끄집어내 맹렬히 비난하고 몰아세운다. 몸이 아플 때 매일같이 약을 달여 머리맡에 올려 주는 가족들의 수고를 당연시하다가 어쩌다 하루 직접 약을 달여 먹으라고 하면 불만과 원망의 감정을 느끼는 것도 이와 같은 심리이다.

어릴 때 우리는 으레 집에서 가장 좋은 것을 차지하곤 했다. 이것이 지속되면서 아무도 따지지 않는 당연한 규칙처럼 되어 버렸지만, 사실 그것은 어디까지나 우리를 향한 가족의 사랑과 배려에서 비롯된 것이다. 그런 사랑과 배려는 우리가 그만큼 착해서, 잘나서, 가족들이 떠받들어 줄 가치가 있어서 주어진 것이 아니다. 단지 사랑이 많은 가정에서 태어나고, 자녀를 위해 헌신하는 선량하고 훌륭한 부모를 만난 행운 덕분이다.

모든 사람이 이런 행운을 누리는 것은 아니다. 어떤 아이들은 어린 나이에 부모를 잃기도 한다. 이런 아이들은 다른 그 무엇보다 엄마, 아빠의 사랑을 간절히 그리워한다. 가족의 축복을 받지 못하고 나면서부터 삶의 무게를 견뎌야 하는 아이들도 있다. 또 어떤 아이들은 태어난 지 얼마 안 돼 부모가 모두 외지로 일하러 나가 수십 년 동안 돌아오지 않기도 한다. 엄마, 아빠의 손을 한쪽씩 잡고 걷는 기분이 어떤 것인지 이 아이들은 한 번도 느껴본 적이 없을지 모른다.

가슴에 손을 얹고 스스로에게 물어보자. 우리는 무슨 자격으로 집에서 편히 놀면서 먹을 것과 입을 것을 제공받는가? 무슨 자격으로 아무 노력 없이 부모가 이루어 놓은 것을 누리는가? 무슨 자격으로 들인 노력보다 훨씬 더 많은 것을 얻는가? 우리는 알아야 한다. 가족의 사랑 속에 있다는 것, 내 성깔을 받아 주는 가족이 있다는 것, 누군가 기꺼이 내 삶의 희로애락을 함께하려 한다는 것이 얼마나 커다란 행운인지를. 우리의 행동과 생각이 정말 타인의 세심한 보살핌과 사랑을 받을 만큼 대단하다고 생각하는가?

자신에게 주어진 모든 것에 감사할 줄 모르는 사람은 그 어떤 것도 가질 자격이 없다.

내어 줄 수 있어 감사하다

그렇다면 어떻게 감사해야 할까? 감사는 단순히 말로만 표현하는 것이 아니라 가슴에 새기고 실천에 옮기는 데에 있다.

말은 결국 말일 뿐 정말 마음속 깊이 느낀 바인지 알 수 없다. '은혜恩惠'라는 글자는 모두 '마음心'을 바탕으로 하고 있다. 이와 호응하는 '감은感恩' 역시 아래에 모두 마음 심 자가 들어간다. 이는 곧 우리의 태도를 의미한다고 볼 수 있다. 진정한 은혜는 타인이 나에게 베푼, 마음에서 우러나온 선의이다. 따라서 이에 대한 진정한 감사의 표현 역시 내면에서 나온 진심 어린 반응이어야 한다.

'대은불언사(大恩不言謝, 너무나 큰 은혜에 감히 감사하다는 말을 하지 못한다)'라는 말이 있다. 이는 우리에게 은혜를 베푸는 사람과 기꺼이 우리와 함께 삶의 짐을 지고 가는 이들에게 고맙다는 말을 하지 말라는 뜻이 결코 아니다. 입으로만 하는 감사는 너무 가볍고 성의 없게 느껴진다는 의미다. 진심을 담아 여러 번 감사의 말을 되풀이한다 해도 그 몇 마디는 상대가 보여 준 헌신과 노력에 비견될 수 없다.

감사가 아름다운 예의인 이유는 타인의 호의에 성심을 다해 응대하고, 존경의 마음으로 상대의 진실한 우의를 대하기 때문이다. 예의는 사람의 도덕성에서 비롯되는 것으로 피상적인 인사나 가식, 입에 발린 말이 아니다. 예의를 좀 아는 교양 있는 사람으로 보이고자 하는 허식이나 고맙다는 말 한마디로 상대의 호의와 정성을 다 보상하려는 심리 역시 이에 해당하지 않는다. 예의라는 것은 정신적 본질과 그 표현 방식을 포괄한다. "고마워"라는 말 한마디에 내면으로부터 우러나오는 '공손함의 본질'이 빠져 있다면 그저 '외적인 형식'만 남게 된다. 이것을 아름다운 예의라고 부를 수 없다.

또 되도록 빨리 감사의 마음을 표현해라. 그렇지 않으면 타인의 선의가 오히려 심적 부담으로 다가온다. 타인의 호의가 도리어 자나 깨나 걱정인 마음의 빚이 될 수 있다는 뜻이다. '선의를 주고받는 것'이야말로 진정한 감사의 자세라고 할 수 있다.

타인에게서 나온 선의를 공손히 받아들여 마음에 새긴 다음 다시 나로부터 전심전력으로 선의를 전달하고 더 많은 사람에게 옮겨 선한 씨앗을 널리 퍼뜨려야 한다. 사랑을 받아들이고, 사랑을 누리고, 사랑을 전달하는 것이 바로 감사 표현의 이상적인 본질이다. 이 과정은 기쁘고 편안하며, 평화롭고 진실하다.

은혜는 정情에서 비롯된다. 보상을 바라고 은혜를 베풀지 않고, 빚을 갚으려고 은혜에 감사하지 않는다. 이는 사업상의 등가교환이 아니다. 진정한 감사의 마음은 결코 얼마나 얻고 잃었는지, 서로 공평한지 여부를 따지지 않는다.

"물 한 방울의 은혜도 넘치는 샘물로 보답해야 한다"라는 말이 이를 증명한다. '물 한 방울'이란 단지 베푸는 입장에서 넉넉하고 겸손한 표현으로 별것 아닌 도움이라고 칭한 것이지 받는 쪽에서 따질 수 있는 것이 아니다. 마찬가지로 '넘치는 샘물' 역시 받은 쪽이 자발적으로 보답하려는 의지에서 나오는 것이지 베푼 쪽의 요구에 의해 이루어지는 것이 아니다. 은혜에 감사하는 자가 '넘치는 샘물로 보답하는' 대상은 자신의 은인에서 그치는 것이 아니라 끊임없이 솟아나는 샘물처럼 가장 가까운 사람부터 저 멀리 낯선 이에게까지 확대되어야 한다. 감사의 정은 세상을 선으로 물들이는 원동력이라고 할 수 있다.

'감은'이라는 두 글자가 내포하고 있는 의미는 매우 깊고 풍부하다. 우리는 타인의 온정과 관심을 받아들일 줄 알아야 한다. 이는 결코 유약함이 아니다. 동시에 온정을 상대에게 전하고 사랑을 주는 법을 배워야 하는데, 이 또한 상실을 의미하지 않는다. 내어 줄 수 있다는 것은 풍성함을 뜻한다. 내어 줄 것이 많다는 것은 그만큼 풍성하다는 의미이다. 남들이 우리에게서 얻는 것이 많을수록 우리의 위상은 높아진다.

우리가 어디에 있든지 그곳에 선이 뿌리내리길 소망한다. 또 어떤 역경에 부딪히든, 얼마나 많은 것을 잃든 우리 내면에 끝까지 사랑이 자리하기를 간절히 바란다. 정말로 이렇게 될 수 있다면 얼마나 감사하고도 감사할 일인가.

참회라는
단호한 자세

참회는 죄책감을 느낄 때 나온다. 자신이 부도덕한 일을 저질렀거나 직접 혹은 간접적으로 무고한 사람에게 해를 입힌 일 때문에 스스로를 용서할 수 없어 마음속에서 지우지 못하는 것이다.

진실한 마음으로 참회할 때마다 우리의 영혼은 부활한다. 진정한 참회는 다음 두 가지를 내포한다. 우선 '잘못을 인정하는 것'이다. 변명하거나 핑계를 대지 않고 과오를 솔직하게 시인하자. 도저히 어쩔 수 없는 상황이었다 해도 변명으로 인해 잘못이 옳은 일이 되지는 않는다. 잘못은 결국 잘못이다. 남들에게 끼친 걱정과 상처는 아무리 합리적인 설명을 한다 해도 없었던 일처럼 사라지지 않는다. 남에게 폐를 끼치거나 해를 입히지 않으며, 타인의 삶을 침해하지 않는 것은 설령 가족이나 친구, 배우자라 하더라도 꼭 지켜야 할 사람과 사람 사이의 가장 기본적인 존중이다. 자신의 나태와 부주의로 누군가에게 폐를 끼쳤다면 죄책감을 느끼는 것이 당연하다.

　잘못을 인정한다는 것은 입으로 "미안해", "내 잘못이야", "앞으로 다시는 그러지 않을게"라는 식의 고백만이 아니라 나 때문에 피해를 입은 사람에게 마음속 깊이 느끼는 미안함과 더 나아가 자신의 부덕함에 대한 질책 및 여기에서 비롯된 후회까지 가리킨다. 이런 잘못 인정은 피해를 당한 당사자나 주위 사람들을 향한 고백일 뿐 아니라 더 근본적으로는 자신을 향한 엄중한 경고이자 엄격한 자기비판이라고 할 수 있다.

　인격적으로 성숙한 사람은 타인에게 피해를 입혔을 때 해를 입은 당사자보다 본인이 더 큰 불안과 고통을 느끼곤 한다. 2차 세계대전에 참전했던 한 독일 장군은 "천 년이 지나도 독일이 짊어져야 할 역사적 책임은 쉽게 소멸되지 않을 것이다"라고 한탄했다. 진정한 참회는 자신이 저지른 악행을 마음에 새기고 용서하지 않으며, 자신의 인성에 실망하고 더는 자신을 신뢰하지 않는 것이다.

　생각할 수 있는 모든 인간의 감정 중에 가장 사람을 괴롭히는 것은 아마도 자책감이 아닐까 싶다. 자신의 이성이 내리는 추궁과 질책, 양심의 가책으로 인한 불안은 사람의 정신에 가해지는 가장 가혹한 형벌이지 않을까. 특히 후회해도 일을 되돌릴 수 없는 경우 자책감은 평생 사라지지 않고 그 사람을 따라다닌다. 이런 경우에는 차라리 비난을 듣거나 처벌을 받는 편이 덜 고통스럽고 그나마 맘이 홀가분해진다.

1970년 서독의 빌리 브란트 총리는 폴란드를 방문한 이튿날, 바르샤바의 유대인 위령탑 앞에 헌화한 뒤 위령탑을 향해 무릎을 꿇었다. 누구도 예상치 못한 그의 행동에 독일인과 유대인을 포함한 전 세계인들이 놀라움을 금치 못했다. 누군가는 2차 세계대전 학살에 동참하지 않은 그가 무릎을 꿇을 필요까지는 없었다고 말했다. 물론 이런 행동이 역사를 2차 세계대전 전으로 되돌릴 수도, 수많은 무고한 생명을 되살릴 수도 없지만 그가 꿇은 무릎은 오랜 시간 축적된 대다수 독일 국민의 죄책감이자 어떤 변명도 하지 않는 사죄, 진심 어린 참회라고 할 수 있다.

브란트 총리가 홀로 독일 전체를 대표해 속죄하고, 공개적으로 존엄을 내려놓고 무릎을 꿇음으로써 오랫동안 독일인의 마음을 짓누르고 있던 정신적 불안을 덜어 주었다. 큰 울림을 자아낸 그의 행동은 사람들의 존경심을 불러일으켰을 뿐 아니라 피해자들이 독일의 역사적 과오를 용서하는 결과까지 이끌어 냈다.

참회가 내포하는 또 한 가지 중요한 의미는 '행동의 단호한 중단'이다. 이는 마음을 바르게 하고서 과감하고 단호하게 실천에 옮기는 것이다.

참회란 영화 속에서 흔히 보듯 성당으로 신부를 찾아가 눈물을 흘리며 자신의 이러저러한 악행을 털어놓고 신부에게 신을 대신해 자신의 죄를 사하여 달라고 간구하는 것이 아니다. 그런 사람은 고해성사가 끝난 뒤 홀가분한 표정으로 나와 다시 악행을 저지른다. 또 참회는 선향線香을 피우고 사당을 짓고 불상에 금을 입혀 자신의 부덕함을 벌충하고 죄책감을 메우려는 행동도 아니다. 참회는 요식적인 행위나 쇼가 아니며, 거금으로 용서를 살 수 있는 것도 아니다.

참회는 바로 이전의 잘못을 뼈저리게 뉘우치고 철저히 고치는 것이다. 《육조단경六祖壇經》에 나오는 "무엇을 참회라고 하는가? 뉘우침이란 평생 그것을 되풀이하지 않고……, 영원히 끊어 버리는 것을 일컬어 참회라고 한다"라는 말과 일맥상통한다.

'참회懺悔' 두 글자는 모두 '진실한 마음'을 바탕으로 하고 있다. 마음에 가책을 느끼는 것은 영원히 끊어야 한다.

호기심아,
안녕!

누구나 지혜롭고 총명해지길 갈망하다. 세상의 온갖 이치에 통달하고 넓은 식견을 갖춘 사람 또는 어떤 분야나 문제에서 평범한 수준을 뛰어넘는 통찰력과 남보다 월등히 뛰어난 이해력을 소유한 사람이 되기를 원한다. 전자는 우리의 시야를 넓혀 주고, 후자는 그 깊이를 더해 준다. 만약 자신이 이런 수준에 도달하지 못하면 자녀들이라도 이런 능력을 갖출 수 있길 바란다. 적어도 내 주변의 친구들을 보면 그러하다. 그렇다면 더욱 지혜롭고 총명해질 수 있는 방법은 과연 없는 것일까?

《중용》에 "배우기를 좋아하는 것은 '지'에 가깝다好學近乎知"라는 말이 있다. 다시 말해 지식과 통찰은 배움을 좋아하는 것에서부터 출발한다는 뜻이다. 이는 그리 새롭거나 특별한 비결이 아니다. '호학'

의 중요성을 누구나 알고 있지만 실천하기란 무척 어렵다는 것이 문제다.

《논어》에서는 "아는 것은 좋아하는 것만 못하고, 좋아하는 것은 즐기는 것만 못하다知之者不如好之者, 好之者不如樂之者"라고 말했다. 아는 것도 쉽지 않은데, 아는 것을 좋아하라니! 대부분의 사람에게 학습은 아주 고생스런 일이다. 애써 노력을 기울이는 것도 모자라 좋아하기까지 해야 하니, 배움을 즐기는 것은 딴 세상 얘기처럼 들린다.

편한 것만 좋아하고 일하는 것을 싫어한다, 재물을 탐하고 여색을 좋아한다, 잘난 척하며 지는 것을 싫어한다, 술을 지나치게 좋아한다, 빈둥거리며 노는 것만 좋아한다고 할 때처럼 우리 본성에 가까운 '좋아함'과 비교해 볼 때, 배움을 좋아하는 것은 마음이 가지 않고 부담스러우며 뜬금없기까지 하다. 흔히 학문에는 왕도가 없다고 한다. 어쩔 수 없이 고생하는 가운데서도 즐거움을 찾을 줄 알아야지, 그렇지 않으면 누가 힘든 학문의 바다에 기쁜 마음으로 뛰어들고, 누가 그런 자학적인 취미를 즐기겠는가?

미지의 대상을 향한 손짓

그러나 세상에는 분명 배우는 것을 좋아하는 사람이 상당수 존재한다. 배움을 좋아하는 이들이 바로 《논어》에서 말한 '지자智者'다. 아닌 게 아니라 우리가 위인이라고 하는 사람은 동서고금을 막론하고 거의 모두 배우는 것을 좋아하는 이들이었다. 그들이 배우는 것을 좋아할 수 있었던 비결은 대체 무엇일까?

사람이 지식을 갈구하고 배움을 좋아하게끔 변화시키는 신비로운 주문은 아마도 아인슈타인이 언급한 '신성한 호기심'일 것이다. 알지 못하던 것을 알게 되고, 무지함을 유용함으로 바꿔 주는 최초의 구동력이자 가장 핵심적인 전환점은 바로 인간의 호기심이다. 활발한 호기심은 인간의 자각을 급속도로 일깨운다.

그렇다면 호기심이란 과연 무엇일까? 여기에 문제 하나가 있다. 답이 알고 싶어 밥을 넘길 수도, 밤에 눈을 붙일 수도 없는 문제, 도저히 궁금함을 참을 수 없어 끝까지 파헤쳐 보고 싶은 문제, 극도의 탐구욕을 불러일으키는 문제가 있다.

이 문제는 우리의 신경 하나하나를 자극하고 온몸의 세포 하나하나를 활성화하며 전신의 감각을 예민하게 한다. 그 실마리를 찾기 위해 모든 일상 속 세세한 부분들까지 파헤치고, 내 곁을 스쳐 지나가는 모든 사람의 얼굴에서 답을 갈구하게 만든다. 문제에 몰두한 우리는 답을 찾아 사방팔방을 헤맨다. 힌트를 얻기 위해 온 주위를 헤집고, 책이란 책은 관련이 있든 없든 모조리 뒤적인다. 남들과의 토론 속에서, 혼자만의 사색 속에서, 몽롱한 꿈결의 틈새에서, 옆 사람의 고함 속에서, 길가의 작은 꽃 한 송이 속에서, 이따금 머리 위를 지나가는 꿀벌의 윙윙거림 속에서……

이 과정은 고통에 시달리면서도 이미 깊숙이 빠져 헤어 나올 수 없는, 마치 연애와도 같다. 마음의 가려움을 긁고 싶지만 아무런 방도도 없고 벗어날 힘도 없다. 연애를 '구애', 즉 사랑을 갈구하는 것이라고 부른다면 답을 찾아 헤매는 과정은 바로 '지식의 갈구', 즉 '배움을 좋아하는 것'이라고 할 수 있다.

하늘은 스스로 돕는 자를 돕는다고 했던가. 마침내 인간의 노력에 하늘의 운이 더해지면서 필연 반, 우연 반으로 문제의 답을 얻게 되면 우리는 마치 구애에 성공한 사람처럼 뛸 듯이 기쁘고 얼굴이 활짝 핀다. 그런데 이런 과정은 단방향 화살표가 아니다. 우리는 원하던 답을 찾음과 동시에 그 과정에서 이전에 들어보지 못했던 더 많은 것들을 접하게 된다.

미지의 대상은 우리를 향해 손짓을 하며 머릿속 깊숙이 숨겨져 있던 물음표들을 하나하나 깨우고 호기심을 자극한다. 그러면 지식욕이 다시 우리를 탐색의 길로 이끈다. 이렇게 알지 못하던 것에서 앎으로 나아가면 더욱더 많은 미지의 것들이 나타나고, 이런 순환이 끊임없이 반복된다. 이를 간단한 도식으로 표현하면 다음과 같다.

```
      호기심          →        문제 발생

        ↑                       ↓

      답을 얻음      ←   답을 구함(지식의 갈구 및 호학)
```

우리는 아무것도 모른다는 것을 알 뿐이다

소크라테스는 자신을 가리켜 변증법적 색채가 짙은 발언을 했다. "내가 아는 것은 단 하나다. 바로 아무것도 모른다는 사실이다." 원 하나를 그려서 원 안은 우리가 아는 지식이고, 원 밖은 우리가 모르는 것들이라고 가정해 보자. 아는 것이 많아질수록 원은 점점 더 커지고, 원이 커질수록 바깥 부분과의 접촉면도 더 커질 것이다. 즉, 많이 알면 알수록 모르는 것들이 더 많다는 사실을 깨닫게 된다.

나선형으로 점차 상승하는 과정을 따라 인간의 지식은 끊임없이 더 높은 곳을 향하고, 이와 동시에 새로운 사건들이 발생한다. 과학기술과 인문학을 포함한 인류의 문명은 이 같은 양상으로 급격히 발전해 왔다.

이같이 진보는 배움을 좋아하는 데서 비롯되고, 배움을 좋아하는 것은 호기심에서 출발하며, 호기심은 의문에서 생겨난다. "문제를 던지는 것이 문제를 해결하는 것보다 더 중요할 때가 종종 있다."*

과학의 원류가 바로 이런 의문에서 시작되었다. 이 세계는 무엇으로 이루어졌을까? 우주의 가장 근본적인 물질은 무엇일까? 이 문제를 둘러싸고, 세계를 구성하는 자연적 물질의 근원을 최초로 밝힌 고대 그리스의 철학자 탈레스는 만물의 근원을 물이라고 말했다. 또한 고대 그리스의 자연철학을 집대성한 아리스토텔레스는 세상의 근원에 대해 4원인설을 제시했다. 그에 따르면 만물은 보편적으로 형상, 질료, 운동, 목적의 네 개 원소로 구성된다. 이런 문제에 대한 호기심은 동양철학의 '오행팔괘'를 낳았다. 만물의 형성은 쇠, 나무, 물, 불, 흙의 다섯 가지 기본 물질을 벗어나지 않고, 우주의 운행은 건乾, 곤坤, 손巽, 태兌, 간艮, 진震, 이離, 감坎 여덟 가지 괘의 배열 조합을 따른다는 것이 오행팔괘의 이론이다.

　이렇듯 '세상의 본질은 무엇인가?'라는 질문이 우리가 살고 있는 이 세계를 탐색하도록 자극했고, 우연찮게도 과학 발전의 계기를 열었다.

- 아인슈타인의 말

아는 것이 많아지면 많아질수록
모르는 것이 더 많음을 발견하게 될 것이다.
우리가 모르는 것이 아는 것보다 훨씬 더 많다.

종교, 철학, 신앙 등도 모두 의문에서 출발한다. 인간은 반드시 생로 병사의 과정을 거치고, 날마다 죽음을 향해 나아간다. 그렇다면 인간은 왜 사는 걸까? 고대 그리스의 철학자 플라톤은 "철학이란 정신적으로 끊임없이 죽음을 연습하는 것이다"라고 말했다.

이는 곧 철학적 사고를 통해 죽음을 향한 여정에서 끊임없이 자신의 정신세계를 끌어올림으로써 죽음을 초월한다는 것이다. 여기서 초월은 죽음을 면할 수 있다는 것이 아니라 평정심을 가지고 담담하게 죽음을 대면하고, 그런 다음 자유롭고 즐거운 마음으로 일상을 맞이하는 것을 뜻한다. 죽음이 제시한 이런 문제는 인간의 정신력과 그 내면의 지혜를 향해 도전장을 내밀고 시험해 왔다.

마찬가지로 의학도 인간이 자신의 신체 및 생리적 구조에 대해 알고 싶은 의문에서 시작되었다. 어느 의과대학 교수는 강의 시간에 학생들에게 이렇게 말했다. "사람이 자신의 신체에 대해 자세히 알아볼 기회가 있다는 것은 아주 대단한 행운이다." 이는 인간이 자신에 대해 품는 호기심이자 태어날 때부터 주어지는 자신의 몸, 한평생 가지는 자신의 생각과 느낌, 사랑과 미움을 담는 생명의 그릇에 대한 호기심이다. 심리학도 이와 유사하다. 인간의 정신을 이해하고, 깊은 의식의 영역을 파고 들어가 내면세계의 비밀을 알아보고자 하는 데서 비롯되었다.

가장 큰 무기는 호기심이다

아인슈타인은 이렇게 말했다. "나는 특별히 타고난 자질이 없다. 단지 호기심이 대단히 강할 뿐이다." '신성한 호기심'은 여리고 가냘픈 새싹 같아서 쉽게 꺾일 수 있다. 이 위대한 물리학자 자신이 그런 호기심을 완전히 잃을 뻔한 경험을 했다.

17세에 취리히공과대학에 입학할 당시, 그는 입학시험을 치르기 위해 온갖 쓸데없는 지식을 머릿속에 욱여넣어야 했다. 그 결과, 시험 이후 1년 동안 과학적 사고에 대해 완전히 흥미를 잃고 말았다. 그때의 경험을 회고하면서 그는 이렇게 개탄했다. "오늘날 교육 방식이 문제 연구를 향한 인간의 신성한 호기심을 완전히 말살시키지 못했다는 것은 참으로 놀라운 기적이다."

호기심이 생기면 필연적으로 배움을 좋아할 수밖에 없다. 만약 당신이 어떤 문제에 호기심을 품어도 별다른 지식욕이 생기지 않는다면 그 문제는 진정으로 당신의 호기심에 불을 붙인 것이 아니다. 그저 잠시 지루함을 가시게 한 것뿐이다. 활활 불타는 호기심이라야 진정으로 강렬한 호기심이라 할 수 있으며, 이것이 바로 호기심의 신성한 측면이다. 호기심이 생기면 사람은 앎(지식)을 갈구해 그만두려 해도 도저히 멈출 수 없다. 호기심은 열정으로 충만하고 타성이나 나태함과 거리가 멀다.

나날이 새롭게 하라

우리는 어떤 경우에도 호기심을 잃지 말아야 한다. 호기심은 나이가 들어감에 따라 시들어 버리기 쉽다. 아인슈타인이 말한 것처럼 꺾이기 쉬운 것이다. 무엇에도 호기심이 느껴지지 않을 때, 그때가 바로 진짜 늙은 것이다.

인간의 생리적 발달은 세포의 신진대사에 달려 있다. 그러나 인간의 생명은 생리적 측면뿐만 아니라 심리적 측면, 즉 신체뿐 아니라 정신에도 있다. 샘솟는 호기심은 세포의 신진대사처럼 정신의 신진대사를 촉진시킨다. 호기심이 꺾였다는 것은 곧 우리의 정신적 생명이 멈췄다는 뜻이다. 그리고 활발한 호기심을 잃어버렸다는 것은 정신적 생명이 스스로 소생할 힘을 잃었다는 것을 의미한다.

"흐르는 물은 썩지 않고, 여닫는 문지도리는 좀이 슬지 않는다"는 말처럼 펄펄 살아 움직이는 호기심이 결핍되면 정신적 생명은 유지될 힘이 없어 흐르는 것을 멈추고, 결국 침전물과 오물이 가라앉은 시궁창, 혼탁하고 생기 없는 고인 물로 바뀌고 만다.

상나라 탕왕은 자신의 욕조에 '하루가 새로워지려면 나날이 새롭게 하고, 또 날로 새롭게 하라苟日新, 日日新, 又日新'는 경구를 새겨 넣고, 매일 몸을 씻을 때마다 스스로를 일깨웠다고 한다. 밖으로는 몸을 썻고, 안으로는 마음을 씻어 날마다 새로워지도록 하자. 사실 우리 몸의 세포는 매일 죽고 또 새롭게 생성된다. 우리 신체는 확실히 날마다 새로워지고 있는 것이다.

무협소설을 읽다 보면 항상 이런 장면이 나온다. 높은 경지의 무공을 수련할 때는 반드시 온 정신을 집중해 몸과 마음이 하나가 되어야 한다. 일단 몸과 마음이 분열되면 심신이 크게 상하는 결과를 초래한다. 이같이 사람의 신체와 정신은 본래 하나여서 서로 조화를 이루고 함께 발전한다.

우리 몸의 세포들은 매일 신진대사를 하며 새로워지는데 정신은 날이 갈수록 쇠퇴한다면 무공을 수련하는 사람의 예처럼 높은 경지의 삶, 즉 열정과 순수, 기쁨이 늘 충만한 삶을 이루지 못할뿐더러 자칫 몸과 마음의 분열로 인해 심신이 크게 상할 수 있다. 삶이 권태롭고 피곤해 마음이 무뎌지고 우울해지는 결과가 나타난다. 그러므로 정신적 쇄신은 신체적 쇄신과 기본적으로 평형을 유지해야 한다. 몸과 마음이 나란히 전진하는 것이 진정한 심신의 조화이며, 이것이 이루어질 때 자아는 비로소 몸과 마음의 균형을 실현할 수 있다.

아인슈타인이 언급한 '꺾이기 쉽지만 신성한' 호기심을 결코 가볍게 여기지 말아야 한다. 호기심이 발동해 배움을 좋아하고 지식을 갈구할 때 비로소 '일신우일신日新又日新'에 통달할 수 있다. 이와 같다면 우리가 마음으로 보는 이 세상은 언제나 새로운 세상이고, 우리의 하루도 날마다 다시금 새롭게 시작될 것이다.

이 책에는 내가 2008년에 푸단대학 윤리교육학과에서 강의를 시작한 후 지금까지 생각하고 느낀 것이 담겨 있다.

나는 선생이자 동시에 한 사람의 생활인으로서 내게 친숙한 철학의 이성적 사고방식과 종교의 초월적 감성을 최대한 활용해 젊은이들의 질문에 답하려고 최선을 다했다. 지식과 정보를 전달하기도 했고, 삶에서 겪고 느낀 바를 나누기도 했다. 어려운 처지에 놓인 이가 이 책을 통해 좀 더 당당하게 어려움에 맞서고, 어려움과 화해할 때 찾아오는 안식과 평화를 느끼며, 어려움을 뛰어넘을 수 있다는 희망을 얻는다면 나로서는 더없이 뿌듯하고 행복한 일이 될 것이다.

이 책을 집필하고 출판하는 데 소중한 격려와 지지를 보내 주신 나의 스승이자 선배인 푸단대학의 가오궈시高國希 교수님께 감사를 전한다.

우리는 저마다 크고 작은 결핍과 공허, 불안을 안고 산다. 그것을 견디기 위해 혹은 자기 안의 빈 곳을 채우기 위해 사람들과 어울리거나 혼자 게임에 빠지기도 하고, 술 혹은 향정신성 물질에 의존하거나 절대자를 찾기도 한다. 그러나 이런 몸부림에도 결핍이 채워지지 않을 때, 공허함이 사라지기는커녕 더 커지기만 할 때, 우리는 보다 근본적인 해결책을 찾아야 한다.

문제는 그런 결핍과 공허가 어디에서 시작되었는지, 또 어떻게 해야 건강하게 채울 수 있는지 잘 모른다는 사실이다. 심지어 내가 지금 무언가에 집착하거나 사로잡혀 있으며, 그 근본적인 원인이 결핍과 공허와 불안에 있다는 사실조차 인지하지 못하는 경우가 많다.

중국의 젊은 철학자 천궈는 이 무거운 주제를 아주 가볍고도 따뜻하게 풀어낸다. 동영상으로 유명해진 그의 강의, 그리고 이 책은 일종의 '해체'이자 '거슬러 오르기'이다.

젊은이들이 살면서 부딪히는 여러 삶의 질문에 대답하기 위해 그는 일견 지엽적으로 보이는 이야기에서 시작해 점차 문제의 근원으로 우리를 데려간다. '선의의 거짓말이 가능할까?' 하는 단편적인 질문이 타인을 속이고 자기기만을 하는 인간의 심리적 모순과 진실함의 중요성을 설득하는 것으로 이어지더니, 자기 자신과의 진실한 대화를 위해 고독이 필요하다는 주장으로까지 나아가는 식이다.

우리가 자주 고민하는 '도덕과 개인적 영달의 추구 사이에서 과연 어떻게 해야 할까?', '일이 뜻대로 풀리지 않을 때 어떻게 하면 자기 중심을 잃지 않을 수 있을까?', '죽음에 대한 불안을 어떻게 떨쳐 내야 할까?' 등의 질문에 대해서는 고대 그리스철학에서 현대 서양철학까지, 소크라테스에서 공자까지 고대와 현대, 동서양의 명사들의 명언이나 삶을 두루 소개하며, 삶에서 만나는 여러 선택의 갈림길에서 어떤 선택을 할 때 우리가 진정 자유롭고 행복할 수 있을지에 관한 자신의 주장을 펼친다.

고대 그리스철학과 현대 서양철학, 동양철학을 따로따로 접했기에 유기적으로 그 사상적 맥을 융합하기 어렵고, 또 배운 것을 내 삶에 적용하기 힘들었던 우리에게 학문의 여러 갈래 사이의 틀을 해체함으로써 보다 실질적이고 피부에 와 닿는 답을 제시하는 것이다.

그가 풀어내는 여러 가지 삶의 모습과 생각과 주장들의 오솔길을 걷다 보면 어느새 내가 고민하던 단편적이고 지엽적인 문제들의 이면에 자리한 보다 근원적인 질문들을 마주하게 되고, 그에 대한 해답이 결국은 자기 내면에 있다는 사실을 깨닫게 된다.

이 책은 쉽다. 철학에서 다루는 여러 개념과 질문들을 학문의 용어가 아닌 우리 일상의 용어로 풀어내고, 또 그것들을 하나하나 알기 쉽게 설명해 준다. 그런데도 이 책은 어렵다. 저자가 소개하는 개념이 어려운 것도, 그의 문장이 어려운 것도 아닌데 이 책이 어렵다고 하는 이유는 이 책이 읽는 사람에게 어떠한 결단을 요하기 때문이다.

　이 책에서 저자는 인간의 삶에 대한 많은 이야기를 들려준다. 가족, 연인, 친구 등의 관계에 대해, 선의의 거짓말과 자기기만과 진실한 태도에 대해, 고독과 외로움에 대해, 도덕과 이기심 및 물질과 자유와 행복과 사랑에 대해, 생로병사에 대해, 정신적 성장과 성숙에 대해, 죽음을 또 다른 형태의 삶으로 받아들이는 것에 대해, 그리고 감사와 호기심을 유지하는 건강한 삶의 태도에 대해.

　이렇게 인간의 삶 전반을 아우르는 폭넓은 이야기들 속에서 그가 진정 우리에게 전하고자 하는 하나의 메시지를 발견할 수 있다. 어떤 상황에서라도, 누구에게라도, 자기 자신에게조차 진실할 것. 그리고 공허에, 나태에, 유혹에 지지 않기 위해 끊임없이 자신을 단련할 것. 그렇게 얻은 자유와 행복과 사랑에 맛들일 것.

　쉬워 보이지만 결코 쉽지 않은 삶의 결단을 그는 우리에게 권한다. 내면 가장 깊은 곳부터 시작되는 근본적인 변화를 촉구한다. 결핍과 공허와 불안에 허덕이는 우리에게 진정한 자유와 행복과 사랑에 한 번이라도 맛들이고 싶다는 의지를 불러일으킨다.

'한 번 그 맛을 보면 계속해서 맛보고 싶어지는' 것들을 가만히 일러주는 것이다. 마치 언니나 누나, 친구처럼 다정하고 따뜻하게. 그래서 이 책은 쉽지만 어렵고, 어렵지만 쉽다.

교황 프란치스코의 말이 떠오른다. 'Live and let live(자신의 삶을 살고 다른 사람도 그렇게 살게 내버려두라)', 'Proceed calmly(조용히 나아가라).' 시끄럽고 혼란스러운 모든 것들에서 잠시 거리를 두고 홀로 앉아 조용히 자신을, 삶을 마주할 수 있도록 '좋은 고독'의 시간을 마련해 준 저자에게 고마운 마음을 전하고 싶다.

고독이 힘이 될 때